ストーリー とまとめ問題 でよくわかる！

かけるくんの

簿記入門

加茂川悠介

YU-SUKE KAMOGAWA

Parade Books

はじめに

　本書を手に取っていただき、どうもありがとうございます。本書は、「初めて簿記を勉強する方」や「ずいぶん昔に簿記を学習したけれども、すっかり忘れてしまったなという方」向けに、できるだけわかりやすく簿記の仕組みを説明している簿記の入門書です。できるだけ易しい文章を心掛けて、イラスト等を使いながら丁寧に説明しています。学生さんから社会人の方まで幅広く、本書を通じて簿記の仕組みを学習していただければと思います。「かけるくん」という主人公がお店を経営するという設定で、第1回から第15回までストーリーが展開していきます。お忙しい方ですと、サッと簿記の全体像をつかむために第1回から第15回のストーリーを通勤通学の合間に読んでもらうこともよろしいかと思います。じっくり腰を据えて勉強してみようという方は、第1回のストーリーを読んだ後、第1回のまとめ問題に挑戦してください。簿記に限ったことではありませんが、実際に問題を解いてみたり、仕訳を書いてみることによって理解が深まります。電卓を用意していただいて、各回のストーリーの後で、各回のまとめ問題にチャレンジしていただきたいと思います。問題演習を通じて、実際に仕事をする上で必要となる「仕訳を切る力」が格段に向上していくだろうと思います。

教育関係者の皆様へ

　本書は「わかりやすさを重視した」ため、先生方にとっては物足りない部分もあろうかと思います。その点につきましては、先生方のエッセンスをふんだんに盛り込んでいただいて、より良い簿記講義を実現

していただきたいと思います。各種学校で使用しやすいように、あえて15回構成にしております。また、簿記学習において大切な問題演習についても、各回の最後に「まとめ問題」を付けております。この「まとめ問題」では、各回の学習内容の確認と、これまでの復習問題を載せております。効果的、効率的に簿記を学習してもらえるように、「新しいことを学習」しながら、「これまでの復習」もできるように配慮しております。一度手に取って頂き、先生方の講義で使用できるかどうかご検討いただけると幸いです。

出版関係者の皆様へ

　本書を作成するにあたり、尽力くださった多くの方々に感謝申し上げます。特に、パレードブックスの森美貴恵さま、イラスト担当のらいふねこさまには大変お世話になりました。深くお礼申し上げます。

CONTENTS

かけるくんがお店を始める！

かけるくんがお店を始めます。お店には、かけるくんの大好きなチョコレートやバナナを商品として置くようです。かけるくんと一緒に、商売に必要な簿記を学んでいきましょう！！

1 簿記って何！？

簿記というのは、「日々の取引を帳簿に記録すること」です。簡単に言えば、日々の取引をノートに記録するということです。例えば、かけるくんがお店を始めるために資金（お金）を用意したとします。お金がないと、お店に置くチョコレートやバナナを買ってくることもできませんからね。かけるくん自身が貯金していたお金から運転資金を用意したとすると、

　　現金　1,000,000／資本金　1,000,000

と、ノートに記録をします。左側の「現金1,000,000」はお店で使えるお金が増えたことを意味しています。右側の「資本金1,000,000」はお店のオーナー（かけるくん）自らがお金を準備したことを意味します。もし、お店の運転資金を銀行さんから借りてきたとすると、

　　現金　1,000,000／借入金　1,000,000

と、ノートに記録することになります。この場合の右側は他人から借りてきた、いわば借金を意味します。他人から借りてきたものは約束を守って、ちゃんと返さなければなりません。

お店の資金が確保できたら、今度はかけるくんの大好きなチョコレートを仕入れましょう。例えば、1個150円のチョコレートを100個仕入れてきたとしたら、150円×100個＝15,000円かかりますね。これをノートに記録すると、

仕入　15,000／現金　15,000

となります。このチョコレートをお店で1個200円で、10個売ったとしたら、200円×10個＝2,000円のお金が入ってきますね。これをノートに記録すると、

現金　2,000／売上　2,000

となります。あと残り90個についても、どんどん売っていきたいですね！！

2 なんで記録するの？

日々の取引を記録するって、「なんのため？？」と思われた方も多いでしょう。それは最終的に、貸借対照表（B/S、バランスシート）と損益計算書（P/L、プロフィット アンド ロス ステイトメント）を作成するためなのです。日々のいろいろな取引をノートに記録しておいて、決算日（1年の総まとめの日）においてそれらの記録をまとめて貸借対照表と損益計算書を作成するのです。

貸借対照表には資産、負債、純資産が記載されます。資産は現金も含め、これからお金が入ってくるだろうものが記載されて、プラスの財

産のイメージです。先ほどの例でいえば、かけるくんが用意した資金（左側の現金1,000,000円）は立派な資産ということになります。それに対して負債はこれからお金が出ていくだろうものが記載されて、マイナスの財産のイメージです。先ほどの例でいえば、かけるくんが銀行さんからお店の運転資金を借りてきた時の右側の借入金1,000,000円は負債となります。銀行さんとの約束を守って借金を返済するため、これからお金が出ていくでしょう。純資産はプラスの財産（資産）とマイナスの財産（負債）の差額と考えて、純財産が記載されると考えてください。先ほどの例でいえば、かけるくんが自分でお店の資金を用意した時の右側の資本金1,000,000円です。このように、貸借対照表では、「どのくらい財産があるの？」とか「どのくらいマイナスの財産があるの？」ということがわかり、決算日における財政状態を表しているのです。

　一方で損益計算書には収益と費用が記載されます。損益計算書では「1年間でどのくらい売り上げたの？　そのためにどのくらい費用がかかったの？」がわかり、経営成績を表します。これは中学校や高等学校での成績表のようなものです。先ほどの例でいえば、かけるくんは150円で仕入れてきたチョコレートを200円で10個売ることができましたね。1個当たり200円－150円＝50円儲かりますから、10個では、50円×10個＝500円儲かりましたよね。だから、右側の売上2,000円が収益に記載されて、仕入れてきた100個のうち実際に売ることができた10個×150円＝1,500円が費用に記載されます。この差額部分が500円の儲けを表して、利益と言います。少し難しいお話ですので、サラッと読み流してもらってもいいのですが、左側の費用である仕入15,000円のうち、実際に売れた分が損益計算書の費用となるわけです。イメージとしては、収益は「なんでお金が入ってきたのか、入ってくるのか」を、費用は「なんでお金が出ていったのか、出ていくのか」

を表していると考えてください。

　貸借対照表や損益計算書は通常、外部に公表する資料となります。皆さんの好きな会社のホームページにアクセスしてもらうと、ご覧いただけるかと思います。公表している会社は、社会の皆さんに自分たちの会社をアピールするために公表しているのです。先ほどもふれたように学校の成績表によく似ています。この1年間でどのくらい頑張ったのか（損益計算書）や、ある時点での実力はどの程度か（貸借対照表）がわかります。これらがわかれば、例えば学生さんであれば「この会社は1年間でこんなにもたくさんの利益を出すなんてすごい！」「順調に成長しているからこそ、こんなにたくさんの資産を持っているんだ！」などと気づき、その会社の就職試験にエントリーするかもしれませんね。つまり良い成績表（貸借対照表や損益計算書）を公表することによって、優秀な学生さんがたくさん入社してくれるかもしれ

図1　貸借対照表と損益計算表

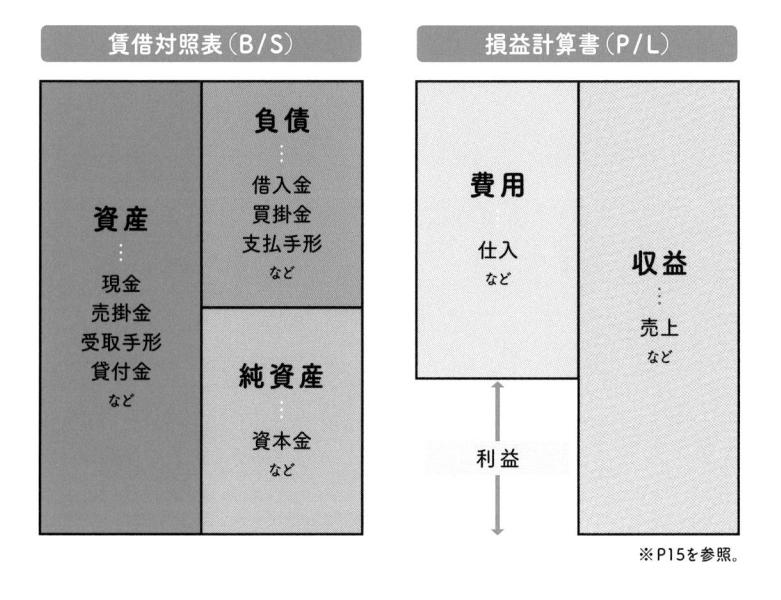

貸借対照表（B/S）

| 資産 … 現金 売掛金 受取手形 貸付金 など | 負債 … 借入金 買掛金 支払手形 など |
| | 純資産 … 資本金 など |

損益計算書（P/L）

| 費用 仕入 など | 収益 … 売上 など |
| 利益 | |

※P15を参照。

ません。学生さんだけじゃありませんね。投資家だって、お金を貸す
銀行さんだって、将来性のある会社に投資をしたり、お金を貸したり
するでしょう。

3 これからの勉強

　ここまで頑張って読んでもらってありがとうございます！！　わか
りにくいところもあったかもしれませんが、安心してください！！
第2回以降の学習を通じてじわりじわりわかってきます。最後までお
付き合いいただきたいと思います。

　少しだけ会計用語の説明をさせてください。先ほどノートに記録し
ていたメモ（例えば、現金1,000,000／資本金1,000,000など）を仕訳
といい、このノートのことを仕訳帳といいます。また仕訳には左側と
右側があるのですが、それぞれを仕訳の左側を借方、仕訳の右側を貸
方といいます。上の仕訳例でいえば、借方には「現金」が、貸方には

図2　借方と貸方の書き分けポイント

仕訳帳				
日付	借方	借方金額	貸方	貸方金額
4/5	現金	1,000,000	資本金	1,000,000
4/20	現金	1,000,000	借入金	1,000,000
5/14	仕入	15,000	現金	15,000
6/3	現金	2,000	売上	2,000

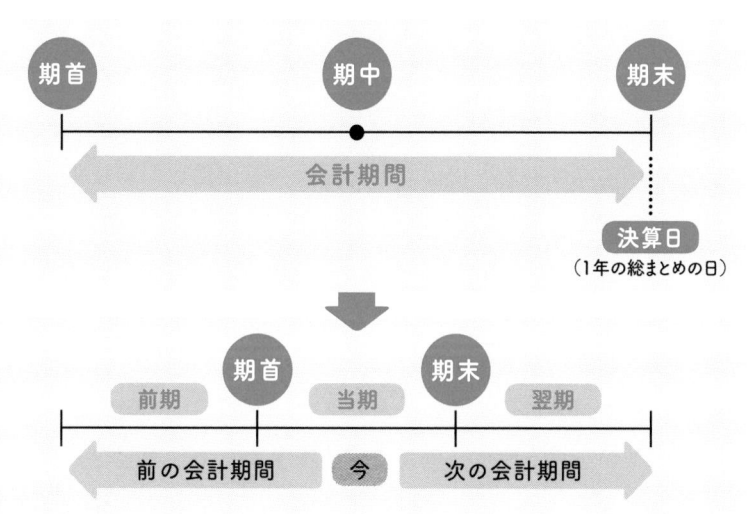

図3　会計のスケジュール例

「資本金」がきていますね。これらの「現金」や「資本金」を勘定科目といいます。数字についても3ケタごとにカンマ（,）を付すことが会計でのマナーです。徐々に慣れていってくださいね。

> **！ POINT**
>
> ▶ 簿記の最終ゴールは、貸借対照表（B/S）や損益計算書（P/L）を作成することです。
>
> ▶ 貸借対照表には、資産・負債・純資産が、損益計算書には、収益・費用が記載されています。
>
> ▶ 貸借対照表は財政状態を、損益計算書は経営成績を表しています。

まとめ問題

　これから各回の終わりに「まとめ問題」を用意しています。さらっと簿記の全体像を先につかみたい方は、一旦飛ばしてもらってもいいかもしれません。「まとめ問題」を解くことにより、学んだ知識が定着しているかどうかわかりますので、各回の学習の確認として使ってくださいね。この「まとめ問題」は何度も解き直しをしてほしいものです。直接本書に書き込まず、できたらノートなど別の紙に書いて解いてもらいたいと思います。何度も解き直すことで、理解が深まり、解答時間も短くなってくると思います。最初のうちは時間を気にせず、じっくりと解くことをおすすめしますが、検定試験等の簿記の試験では「正確さ」とある程度の「解答スピード」も要求されます。

　ちなみに「まとめ問題」は簿記を効率的に学習できるように、各回で学習したことと、それまでに学習したことの両方が問題となっています。例えば、第7回の「まとめ問題」では、第7回の学習内容と、第1回から第6回までの学習内容から、問題が出題されています。正答できなかった場合は、答えを見て終わりとするのではなく、各回のストーリーに戻って該当箇所を確認してもらうと、より効果的に実力アップを図ることができると思います。

Q1

以下の文章を読んで、取引の仕訳を書きなさい。 解答時間10分

①かけるくんは仕事のお金を準備するために、これまで個人的に貯めていたお金10万円を用意した。

②かけるくんは仕事のお金を準備するために、銀行さんから50万円の

お金を借りてきた。

③かけるくんは仕事のお金を準備するために、知り合いから25万円の
お金を借りた。

④かけるくんはチョコレートやバナナなど商品を30万円分仕入れて
きました。代金は現金で支払いました。

⑤かけるくんは仕入れてきた商品をお客さんに40万円で販売しまし
た。代金は現金で受け取りました。

Q2

**以下の文章を読んで、空欄①〜⑮に当てはまる言葉を【語群】から選
びなさい。** 解答時間20分

> 【語群】
>
> 収益・貸方・資産・純資産・負債・現金・貸付金・受取手形・
> 借入金・支払手形・借方・費用・売掛金・買掛金・仕訳・資本
> 金・損益計算書・仕訳帳・貸借対照表

　簿記は、日々の取引を記録することです。記録するノートのことを
（　①　）といいます。日々の取引を記録する際、文章で記録するので
はなく（　②　）を記録します。（　②　）の左側を（　③　）といい、
右側を（　④　）といいます。例えば、Q1①の仕訳の（　③　）には、
（　⑤　）である現金がきます。（　⑤　）は（　⑥　）の（　③　）
にあり、資産には現金のほか、（　⑦　）（　⑧　）（　⑨　）などが
あります。Q1②の仕訳の（　④　）には、（　⑩　）である借入金が
きます。負債には借入金のほか、（　⑪　）（　⑫　）などがあり、純
資産には（　⑬　）などがあります。損益計算書の（　③　）には
（　⑭　）があり、損益計算書の（　④　）には（　⑮　）があります。

解答

	借方	金額	貸方	金額
①	現金	100,000	資本金	100,000
②	現金	500,000	借入金	500,000
③	現金	250,000	借入金	250,000
④	仕入	300,000	現金	300,000
⑤	現金	400,000	売上	400,000

A2

　簿記は、日々の取引を記録することです。記録するノートのことを（①仕訳帳）といいます。日々の取引を記録する際、文章で記録するのではなく（②仕訳）を記録します。（②仕訳）の左側を（③借方）といい、右側を（④貸方）といいます。例えば、Q1①の仕訳の（③借方）には、（⑤資産）である現金がきます。（⑤資産）は（⑥貸借対照表）の（③借方）にあり、資産には現金のほか、（⑦売掛金）（⑧受取手形）（⑨貸付金）などがあります。Q1②の仕訳の（④貸方）には、（⑩負債）である借入金がきます。負債には借入金のほか、（⑪買掛金）（⑫支払手形）などがあり、純資産には（⑬資本金）などがあります。損益計算書の（③借方）には（⑭費用）があり、損益計算書の（④貸方）には（⑮収益）があります。

COFFEEBREAK 1

　第1回では、新しいことが盛りだくさんで疲れたかと思います。お疲れさまでした！　ただ、これから簿記を学んでいく上で、とても大切なことばかりです。少しずつ、覚えていきましょう！　5つの要素である資産・負債・純資産・収益・費用の具体的な科目については遅かれ早かれ頭に入れておかなければなりません。以下にまとめています。

資産	現金、普通預金、当座預金、定期預金、商品（繰越商品）、貯蔵品、立替金、受取手形、営業外受取手形、電子記録債権、売掛金、クレジット売掛金、未収入金（未収金）、前払金（前渡金）、貸付金、手形貸付金、仮払消費税等、仮払法人税等、建物、機械装置、車両（車両運搬具）、備品、土地など
負債	支払手形、営業外支払手形、電子記録債務、買掛金、前受金、未払金、預り金、借入金、手形借入金、仮受消費税等、未払消費税等、未払法人税等、未払配当金など
純資産	資本金、資本準備金、その他資本剰余金、利益準備金、繰越利益剰余金など
収益	売上、受取手数料、受取家賃、受取地代、受取利息、固定資産売却益など
費用	仕入、給料（給料手当）、法定福利費、租税公課、広告宣伝費、会議費、減価償却費、支払家賃、支払地代、旅費交通費、消耗品費、事務用消耗品費、水道光熱費、通信費、発送費、支払手数料、雑費、支払利息、固定資産売却損など

　前掲の表を見ると、「たくさんあるなあ〜」と不安になられるかもしれませんね。でも大丈夫です。第2回以降、少しずつ学習していきます。安心してください。ちなみに支払家賃と支払地代ですが、支払

家賃は建物を借りた時に支払う場合で、支払地代は土地を借りた時に支払う場合と考えてください。受取家賃（建物を貸した時にもらう）と受取地代（土地を貸した時にもらう）も同様です。このページは隙間の時間を利用してチラチラ見てもらうと効果的です。目で見る機会（回数）を増やしましょう！！

かけるくんがお金を借りてくる！

　かけるくんがお店を始めるにあたって、銀行さんからお金を借りてきました。お金を借りてきた時の会計処理（仕訳）について考えていきましょう。

1　お金を借りたとき

　かけるくんが銀行さんからお金を借りてきたら、次のように仕訳帳に仕訳をします。

　　　現金　1,000,000／借入金　1,000,000

　これは第1回でも出てきましたが、もう少し詳しく見ていきましょう。

　現金は貸借対照表の資産です。資産である現金が借方にきているということは、資産の増加を表しています。かけるくんが銀行さんからお金を借りてきたのだから、お金（現金）は増えますね。これに対して貸方の借入金は貸借対照表の負債です。なぜなら、銀行さんとの約束に従って、将来お金を返さなければなりません。これからお金が出ていくだろうものが負債でしたから、借入金はまさに負債ですね。貸方の借入金は負債の増加を表しています。

2 お金を返したとき

　かけるくんは銀行さんから借りてきたお金について、約束通りお金を返します。約束では、毎年100,000円ずつ返済して、返済するときに利息を10,000円払います。そのときの仕訳は次のように仕訳帳に記録します。

借入金　100,000／現金　100,000
支払利息　10,000／現金　10,000

　まず負債である借入金が借方にきていますね。借入金は負債ですので本来は貸方にあるのです。本来貸方にあるはずの借入金が借方にきたということは、負債の減少を表しています。確かにかけるくんが銀行さんに返済をしたのですから、その分借入金（負債）が減りますね。それに対して資産である現金が貸方にきています。現金は資産ですから本来は借方にあるのですが、それが貸方にきているということは、資産の減少を表しています。かけるくんが銀行さんにお金を少しずつ返しているので、お金（資産）は減っていきますね。また、ビジネスでお金を借りると、時の経過とともに利息が発生します。かけるくんも銀行さんとの約束どおり、ちゃんと利息を払っています。借方の支払利息は費用であり、費用は本来、借方にきますので、費用の増加を表しています。ちなみに、貸方に現金が上下で並んでいますので、通常は一緒に仕訳帳に記録します。

借入金　100,000　　／現金　110,000
支払利息　10,000／

　このとき、借方に「借入金」「支払利息」と並んでいますが、どちらを上に書いても、どちらを下に書いても構いません。もちろん、借方

に書くということが大切ですので、「借入金」や「支払利息」を貸方に書いてはいけません（仕訳が表す意味が変わってしまいます）。

3 チョコレートを仕入れてきました

　かけるくんはお金を借りてきましたので、そのお金で大好きなチョコレートを仕入れてきました。一つ100円のチョコレートを100個買いました。100円×100個＝10,000円ですから、そのときの仕訳は次のように仕訳帳に記録します。

仕入　10,000 ／ 現金　10,000

　借方の仕入は損益計算書の費用です。費用は借方にありますから、借方の仕入は費用の増加を表しています。貸方はもう大丈夫でしょうかね。現金は貸借対照表の資産です。資産は本来借方にあります。その資産である現金が貸方にきているということは、資産の減少を表しています。お金を払ってチョコレートを仕入れたのですから、現金が減るのは当然ですね。

4 掛取引をやったよ

　かけるくんは仕入先さんから、「毎回毎回お金のやり取りをするのは面倒だから、まとめて翌月に払ってくれないか」と言われました。このような取引を掛取引と言います。商品を仕入れたときには代金を支払わず、後日支払います。かけるくんは一つ80円のグミを50個仕入れてきました。この代金については翌月に支払います。代金は80円×50個＝4,000円ですから、次のように仕訳帳に記録します。

$$仕入　4,000／買掛金　4,000$$

　借方の仕入は先ほどと同じく費用の増加ですね。貸方の買掛金は、後日お金を支払いますという意味で、負債です。貸借対照表の負債は貸方にありますので、貸方の買掛金は負債の増加を表しています。翌月になって約束通り、かけるくんが代金を支払った時には、次のように仕訳帳に記録します。

$$買掛金　4,000／現金　4,000$$

　買掛金は負債でした。負債は貸借対照表の貸方にあります。その負債である買掛金が借方にきたということは、負債の減少を表しているわけです。代金を支払ったので、貸方の現金は資産の減少を表しています。

5　トラックで届けてもらったよ

　かけるくんは、チョコレートやバナナ、牛乳など20,000円分を掛で仕入れました。たくさんの商品ですので、運送会社にトラックで届けてもらいました。運送代については、届けてくれたトラックの運転手さんに現金で2,000円支払いました。そのときの仕訳は次のように仕訳帳に記録します。

$$仕入　22,000　／　\begin{matrix}買掛金　20,000\\現金　　2,000\end{matrix}$$

　貸方の買掛金は負債です。後日お金を支払いますという意味で、仕入先さんに支払います。買掛金は負債で、負債は貸借対照表の貸方にありますから、負債の増加を表しています。貸方の現金は資産の減少ですね。トラックの運転手さんに現金を支払っていますので、現金と

いう資産が減少しているのです。借方の仕入ですが、仕入は費用でした。商品を仕入れた代金（後日、支払います）も、それらを仕入れるためにかかった運送代も、まとめて仕入に含めて処理します。つまり、商品を仕入れるのにかかった費用全部を仕入にするということです。

　難しい用語ばかりで、かなり疲れたのではないでしょうか。このへんでひとまず休憩しましょう！！

！ POINT

▶ お金を借りたとき

現金　××／借入金　××

▶ 借りたお金を返したとき

借入金　　××　／現金　××
支払利息　××

▶ 商品を仕入れてきたとき

仕入　××／現金　××

▶ 掛仕入をしたとき

仕入　××／買掛金　××

▶ 掛仕入をして、配送料について現金で支払ったとき

仕入　××　／買掛金　××
　　　　　　　現金　　××

▶ 掛代金を支払ったとき

買掛金　××／現金　××

まとめ問題

Q1

以下の文章を読んで、取引の仕訳を書きなさい。 解答時間20分

①かけるくんは銀行で100万円を借りてきました。

②かけるくんは知り合いの業者さんから50万円を借りてきました。

③かけるくんは銀行で借りたお金100万円を返済しました。返済の際、利息2万円も合わせて支払いました。

④かけるくんは知り合いの業者さんから借りた50万円を返しました。返すときに、5,000円の利息も支払いました。

⑤かけるくんは借りてきたお金を使って、商品を5万円分仕入れてきました。

⑥かけるくんはバナナやみかんやチョコレートを仕入れてきて、その代金の2万円は後日支払うことになりました。

⑦かけるくんは⑥の代金を仕入先さんに支払いました。

⑧かけるくんはたくさんの商品を仕入れて、その商品について運送業者に運んでもらいました。商品代金5万円は掛けで、運送代5,000円は届けてくれたトラックの運転手さんに現金で支払いました。

⑨かけるくんは仕事で使うお金（現金）を、かけるくん自身の貯金から5万円用意しました。

⑩かけるくんは仕入れてきた商品を10万円でお客さんに販売しました。その代金は現金で受け取りました。

Q2

以下の文章を読んで、空欄①～⑤に当てはまる言葉を【語群】から選

びなさい。 解答時間５分

【語群】
資産・負債・純資産・収益・費用

損益計算書の借方には（　①　）があり、貸方には（　②　）が
あります。固定資産売却損は（　③　）であり、固定資産売却益は
（　④　）です。また、受取利息は（　⑤　）です。

解答

● A1

	借方	金額	貸方	金額
①	現金	1,000,000	借入金	1,000,000
②	現金	500,000	借入金	500,000
③	借入金 支払利息	1,000,000 20,000	現金	1,020,000
④	借入金 支払利息	500,000 5,000	現金	505,000
⑤	仕入	50,000	現金	50,000
⑥	仕入	20,000	買掛金	20,000
⑦	買掛金	20,000	現金	20,000
⑧	仕入	55,000	買掛金 現金	50,000 5,000
⑨	現金	50,000	資本金	50,000
⑩	現金	100,000	売上	100,000

　問題⑥の取引のあとに、仕入先さんから「いつもたくさん買ってくれてありがとう」と言って500円の値引きをしてもらった場合、

買掛金　500／仕入　500

というように逆仕訳をすることになります。このように仕訳をすることで、後日支払わなければならない買掛金（負債）の金額が減るとともに、仕入（費用）を減らすことができます。借方は、買掛金という負債の減少を、貸方は、仕入という費用の減少を表しています。ま

た問題⑤のあとに、同じように値引きをしてもらった場合も、

$$現金　500／仕入　500$$

というように逆仕訳を切ることとなります。借方は、現金という資産の増加を、貸方は、仕入という費用の減少を表しています。問題⑤の場合は商品を仕入れた際に現金を支払っているため、後日、値引きをしてもらった場合は値引き分の現金を仕入先さんから受け取ることとなります。

A2

損益計算書の借方には（①費用）があり、貸方には（②収益）があります。固定資産売却損は（③費用）であり、固定資産売却益は（④収益）です。また、受取利息は（⑤収益）です。

かけるくんが商品を販売したよ！

　かけるくんが、仕入れてきた商品を販売しました。これらの会計処理を考えていきましょう。

1　商品を販売したよ

　かけるくんはチョコレートとバナナとグミを合わせて、450円で販売しました。その時の仕訳はこのようになります。

$$現金　450／売上　450$$

　借方の現金は資産です。資産は貸借対照表の借方にあります。ですから現金という資産の増加を表しています。貸方の売上は収益です。収益は損益計算書の貸方にありますので、収益の増加を表しています。収益は「なんでお金が入ってきたのか（入ってくるのか）」を表します。かけるくんが商品を販売したから450円の現金が入ってくるので、収益である売上が増加しているんです。

2　掛売上をしたよ

　ある日、店の常連さんの隣町のおじさんに商品を販売しました。このおじさんはいつもたくさん買ってくれます。今回も、チョコレート

やビスケット、ソーセージ、牛乳、バナナなど、合わせて16,000円分も買ってくれました。かけるくんは「まいどおおきに！！ 代金は翌月払ってもらったらいいですよ」と言って、掛取引をすることにしました。掛取引は前回学習しましたね。仕入れたときは掛仕入といって、代金は後日支払います。今回のように売り上げたときは代金を後日もらうこととなり、掛売上と言います。仕訳帳には次のように記録します。

売掛金　16,000／売上　16,000

　貸方は売上という収益の増加を表しています。借方の売掛金は、後日代金をもらいますという意味で、資産です。資産は貸借対照表の借方にあります。ですから借方は売掛金という資産の増加を表しています。

　隣町のおじさんは約束通り、翌月に代金を支払ってくれました。ですから次のように仕訳帳に仕訳をします。

現金　16,000／売掛金　16,000

　貸方の売掛金は資産でした。資産は本来、借方にありますから、その資産が貸方にきているので資産の減少を表しています。借方の現金は資産でした。資産は貸借対照表の借方にありますから、現金という資産の増加を表しています。常連のおじさんが代金を払ってくれたので、資産である現金が増えたのです。

③ 商品を送ったよ

　隣町のおじさんから電話がありました。直接、かけるくんのお店に行くことができないので、37,000円分の商品を送ってほしいと言わ

れました。かけるくんは注文を受けたソーセージやチョコレート、牛乳、ビスケット、グミなどを段ボールに詰めて、運送会社に配達をお願いしました。隣町のおじさんは電話で、「運送代はこっちで払うから、いったん立て替えといてくれ」と言っていました。かけるくんは段ボールと運送代金（送料）の現金3,000円を運送業者さんに手渡しました。このとき、仕訳帳には次のように記録します。

$$売掛金 \quad 37,000 \quad / \quad 売上 \quad 37,000$$
$$立替金 \quad 3,000 \quad / \quad 現金 \quad 3,000$$

　　貸方の売上は収益の増加を表していますね。借方の売掛金は資産の増加を表しています。かけるくんは代金を後日、おじさんからもらうのです。おじさんの言うように、運送代金については一旦、運送会社のトラックの運転手さんに3,000円支払いました。ですから貸方の現金は資産の減少を表しています。借方の立替金ですが、おじさんが言っていたように、いったん立て替えて、後でそのお金をもらうという意味です。後からお金が入ってくるので、立替金は資産です。よって借方の立替金は資産の増加を表しています。ここで「おやっ」と思われた方がいるかもしれませんね。とても鋭いです！！　借方の売掛金も立替金も資産を表して、後日おじさんからお金を回収することになります。ですからまとめて、次のように記録することもできます。

$$売掛金 \quad 40,000 \quad / \quad 売上 \quad 37,000$$
$$現金 \quad 3,000$$

後日、常連のおじさんから40,000円を支払ってもらったときには、

$$現金 \quad 40,000 \quad / \quad 売掛金 \quad 40,000$$

というように記録します。借方の現金は資産の増加を表して、貸方

の売掛金は資産の減少を表しているのです。

　もし仮に、今回の運送代をかけるくんが負担してあげたとしたら、どのように仕訳帳に記録すればいいでしょうか？　次のようになります。

$$
\begin{array}{ll|ll}
売掛金 & 37,000 & 売上 & 37,000 \\
発送費 & 3,000 & 現金 & 3,000 \\
\end{array}
$$

　立替金のところが発送費になっていますね。立替金はあとでお金を回収しますから資産ですが、発送費は「●●費」からもわかるように費用を表します。費用は損益計算書の借方にありますから、費用の増加を表しています。かけるくんが負担するということはすなわち、かけるくんの費用が増加するということなのです。

④ 送料がいくらなのかわからない場合はどうするの？

　みなさんもインターネットでお買い物をされる際に「送料無料」という言葉を目にされることがありますよね。厳密には、送料無料と言ってもその商品の販売価格には送料分が含まれているかもしれませんね。例えば、「商品は5,000円で送料無料」だったとしましょう。この商品をかけるくんが掛けで仕入れた場合は、

$$
仕入 \quad 5,000 \quad / \quad 買掛金 \quad 5,000
$$

　となりますね。かけるくんは送料がいくらなのかもわかりませんから5,000円という金額を使って、借方は仕入という費用の増加を表して、貸方は買掛金という負債の増加を表しています。では逆に、この商品をかけるくんが掛けで販売したとするとどうでしょうか？

$$\text{売掛金}\quad 5,000\quad /\quad \text{売上}\quad 5,000$$
$$\text{発送費}\quad 500\quad /\quad \text{現金}\quad 500$$

　このように仕訳帳に仕訳を切ることとなります。まず、一行目の仕訳はいいでしょうか？　そうです。借方は、売掛金という資産の増加を表しています。貸方は、売上という収益の増加を表しています。商品を販売したので売上が増えて、将来お金が入ってくる売掛金も増えています。ただ、お客さんには「送料無料」と言っていましたが、実際にお客さんに商品を届けるために送料が500円かかり配送業者の方に500円を支払ったとすると、二行目の仕訳も必要ですね。借方は、発送費という費用の増加を表して、貸方は、現金という資産の減少を表しています。

　このように仕訳を切るときは、そもそも「送料がいくらなのかわかっているのかいないのか」、「仕入なのか売上なのか」、こちらと相手方と「どちらが送料を負担するのかしないのか」、よく確認する必要があります。

　今回はどうだったでしょうか。理解できたでしょうか。初めてのこと（簿記）をチャレンジするのは大変なことです！！　ここまでよく頑張っておられると思います！！　これまででもおわかりのように、5つの要素である「資産」「負債」「純資産」「収益」「費用」が貸借対照表なのか、損益計算書なのか、また借方なのか、貸方なのか、早いうちにつかんでおくと簿記の理解に一段と磨きがかかると思います。がんばりましょうね。

! POINT

▶ 仕入れてきた商品を販売したとき

現金　××／売上　××

▶ 掛売上をしたとき

売掛金　××／売上　××

▶ 掛代金を回収したとき

現金　××／売掛金　××

▶ 商品を掛販売して、配送料についてはお客さん負担のとき

売掛金　××　／　売上　××
立替金　××／　現金　××

▶ 上記仕訳で、立替金勘定を使わないとき

売掛金　××　／　売上　××
　　　　　　／　現金　××

▶ 商品を掛販売して、配送料については当社負担のとき

売掛金　××　／　売上　××
発送費　××／　現金　××

まとめ問題

Q1

以下の文章を読んで、取引の仕訳を書きなさい。 解答時間30分

①かけるくんは商品を1,000円で販売し、代金は現金で受け取りました。

②かけるくんは商品を2,500円で掛けで販売しました。

③かけるくんは上記②の掛代金をお客さんから現金で受け取りました。

④かけるくんは商品を30,000円で販売しました。代金については後日もらいます。送料についてはお客さんが負担することとなっていますが、一旦立て替えて、かけるくんが運送業者のお兄さんに現金1,000円を渡しました。（立替金勘定を使用すること。）

⑤かけるくんは④の商品代金と立て替えた送料を現金で受け取りました。

⑥上記④について立替金勘定を使用しない場合、仕訳はどうなりますか。

⑦かけるくんは上記⑥について、お客さんから商品代金と送料を現金で受け取りました。

⑧かけるくんは「送料無料」の商品を32,000円で仕入れて、代金は後日支払うことにしました。

⑨かけるくんは「送料無料」の商品を40,000円で販売しました。代金については後日もらうことになっています。お客さんのもとへ商品を届けるために配送料1,200円がかかり、現金で支払いました。

⑩かけるくんは商品代金5,000円と配送料700円の合計金額で商品を販売しました。この代金については後日もらう約束です。発送の際

に、運送業者に現金700円を支払いました。

⑪かけるくんは知り合いの業者から100万円を借りました。

⑫かけるくんは約束通り、⑪の借りたお金を返済期日に3万円の利息
とともに現金で支払いました。

⑬かけるくんは銀行で200万円借りました。利息については借入時に
支払うこととし、5万円の利息は差し引かれて、現金で受け取りま
した。

⑭かけるくんは約束通り、⑬の借りたお金を現金で返済しました。

⑮かけるくんは銀行で100万円借りました。利息2万円については返
済時に支払う約束です。

解答

A1

	借方	金額	貸方	金額
①	現金	1,000	売上	1,000
②	売掛金	2,500	売上	2,500
③	現金	2,500	売掛金	2,500
④	売掛金 立替金	30,000 1,000	売上 現金	30,000 1,000
⑤	現金	31,000	売掛金 立替金	30,000 1,000
⑥	売掛金	31,000	売上 現金	30,000 1,000
⑦	現金	31,000	売掛金	31,000
⑧	仕入	32,000	買掛金	32,000
⑨	売掛金 発送費	40,000 1,200	売上 現金	40,000 1,200
⑩	売掛金 発送費	5,700 700	売上 現金	5,700 700
⑪	現金	1,000,000	借入金	1,000,000
⑫	借入金 支払利息	1,000,000 30,000	現金	1,030,000
⑬	支払利息 現金	50,000 1,950,000	借入金	2,000,000
⑭	借入金	2,000,000	現金	2,000,000
⑮	現金	1,000,000	借入金	1,000,000

問題②の取引のあと、いつもよく買ってくれるお客さんなので100円の値引きをしてあげた場合は、

$$売上　100／売掛金　100$$

というように、逆仕訳を切ることになります。この仕訳をすることによって、値引き分を売上（収益）から減らすとともに、お客さんから支払ってもらう売掛金（資産）も減らすことができます。借方は、売上という収益の減少を、貸方は、売掛金という資産の減少を表しています。また問題①の取引のあと、同じように値引きをした場合も、

$$売上　100／現金　100$$

というように、逆仕訳を切ることとなります。借方は、売上という収益の減少を、貸方は、現金という資産の減少を表しています。問題①の場合は、商品販売の際にお客さんから現金を受け取っているため、後日、値引きをしてあげた場合は、値引き分の現金をお客さんに渡すことになります。

かけるくんが小切手をもらったよ！

かけるくんが、仕入れてきた商品を販売したときに、商品の代金として小切手をもらいました。小切手の会計処理について考えてみましょう！

1　商品を販売したよ

かけるくんはチョコレートとバナナ、グミ、牛乳を合わせて、1,000円で販売しました。その際にこれらの代金としてお客さんから小切手をもらいました。その時の仕訳はこのようになります。

現金　1,000／売上　1,000

貸方はもう大丈夫でしょうか。これまで何度か出てきているように、売上という収益の増加を表していますね。今回初めて登場したのが「小切手」です。これはどういったものなのでしょうか。お客さんは商品代金をかけるくんに支払うために、小切手を振り出して（作成して）かけるくんに渡したのです。この「小切手」はかけるくんが金融機関に持っていくと、現金と交換できるのです。つまり、いつでも現金にできるので、借方は現金1,000円として、資産の増加としています。

図4　小切手

```
BANK
            小 切 手
支払地　仙台中央銀行　〇× 支店
金額　￥100,000
振出日　〇〇年 ×× 月△△日
振出人　かける商店
```

振出人が支払う人。つまり、
振出人の当座預金口座から支払われる！

2　でも、どうして小切手を振り出したの？

　皆さんはある疑問が湧いてきたのではないでしょうか。「現金で支払えばいいのに」と。そうですよね。商品代金を支払うなら、現金で支払えばいいのです。でも「小切手」を振り出した（作成した）のにはちゃんと理由があります。少しイメージしてみてください！　一般的に、仕入れたり、売り上げたりする場合に、必ず自分のお店で行うばかりではありませんよね。かけるくんだって、これからいろんなところに出かけて行って、新しい商品や面白そうな商品を仕入れてくるのです。そんなときに毎度毎度、たくさんの現金を持ち歩くのは心配ですよね。たくさんの現金は荷物にもなりますしね。そこで重宝されるのが「小切手」なんです。あらかじめ当座預金口座を開設しておけば、小切手に金額とサインをすることで、それをもらった人はいつでも金融機関で現金と交換できます。そのお金は小切手を振り出した（作成した）人の当座預金口座から引き落とされるのです。便利ですよね。先ほどの例でいえば、お客さんの当座預金口座からかけるくんに現金が渡されるのです。

3　かけるくんも当座預金口座を開設したよ

　かけるくんは小切手の便利さに気づきました。かけるくんもいろんなところに出かけて行って、商品を仕入れたりするときに「小切手」を使おうと思い、まずは銀行さんに行って当座預金口座を開設しました。当座預金口座に現金100,000円を預け入れることにしました。その時の仕訳は次のようになります。

当座預金　100,000／現金　100,000

　貸方は大丈夫でしょうか。そうです。銀行さんに現金を預けたので、現金という資産の減少を表しています。かけるくんが銀行さんに現金を渡したのだから、手許の現金（資産）は減少しますよね。借方は初めての科目が出てきましたね。当座預金というのは預金口座の一つと考えてください。皆さんの中にも普通預金口座にたくさん貯金されている方がいらっしゃるでしょう。その仲間と考えてください。当座預金は普通預金と同様、貸借対照表の資産ですので、借方にきているということは当座預金という資産の増加を表しています。当座預金口座を開設すると小切手を作成することができるのです。小切手を作成することを振り出すと言って、この小切手を使って商品を仕入れたり、いろいろなものの支払いに利用することができます。

4　かけるくんも小切手を振り出したよ

　かけるくんは早速、隣町まで出かけて行って、新しい商品や面白そうな商品をたくさん、100,000円分も仕入れてきました。その際、便利な小切手を振り出して支払いを済ませました。

仕入　100,000／当座預金　100,000

　借方は大丈夫でしょうか。そうです。仕入という費用の増加を表しています。仕入は損益計算書の費用で、費用は借方にありましたね。貸方は、かけるくんが小切手を振り出しましたので、当座預金という資産の減少を表しています。先ほども出てきたように、かけるくんが振り出した（作成した）小切手をもらった人は、いつでも金融機関で現金と交換できます。そのお金はどこからくるのか？　そうです、かけるくんの当座預金口座から支払われるのです。ですから、上の仕訳のように、当座預金という資産を貸方に持ってきて、減少させているのです。

5　残高が少なくなったので、当座預金口座に お金を預け入れたよ

　かけるくんは小切手を振り出して商品を仕入れるようになりました。ですから、当座預金口座の残高が少なくなっていました。そこでかけるくんは、普通預金口座から当座預金口座へお金を移しました。

当座預金　500,000／普通預金　500,000

　借方は、当座預金という資産の増加を表しています。また貸方は、普通預金という資産の減少を表しています。だいぶん、皆さんも慣れてきたでしょうか。当座預金も普通預金も資産ですので、貸借対照表の借方にあるのですが、貸方にきたときは資産の減少を表すのでしたね。
　今回も皆さんよく頑張りましたね！！

！ POINT

▶商品を販売して、お客さんから小切手をもらったとき

現金　××／売上　××

▶当座預金口座にお金を預けたとき

当座預金　××／現金　××

▶商品を仕入れて、小切手を振り出して支払ったとき

仕入　××／当座預金　××

▶普通預金口座から当座預金口座にお金を移し替えたとき

当座預金　××／普通預金　××

まとめ問題

◯ Q1

以下の文章を読んで、取引の仕訳を書きなさい。 解答時間30分

① かけるくんは商品を5,000円分販売し、お客さんから代金として小切手をもらいました。

② かけるくんは当座預金口座に現金10万円を預けました。

③ かけるくんは2,000円分の商品を仕入れました。代金は小切手振り出して支払いました。

④ かけるくんは知り合いの業者さんから借りた50万円を返しました。返すときに、5,000円の利息も支払いました。支払いについては小切手を振り出して支払いました。

⑤ かけるくんは普通預金口座から当座預金口座に100万円分のお金を移し替えました。

⑥ かけるくんは銀行で200万円を借りました。借りたお金は普通預金口座に入れてもらいました。

⑦ かけるくんは約束通り、上記⑥の借りたお金を返済しました。返済の際、利息3万円も一緒に小切手を振り出して支払いました。

⑧ かけるくんは定期預金口座から当座預金口座に200万円分のお金を移しました。

⑨ かけるくんはお店のチラシを作ってもらいました。作成費用の5万円については、小切手を振り出して支払いました。（広告宣伝費勘定を使用すること。）

⑩ かけるくんは借りている駐車場代を支払いました。ひと月の駐車場代2万円については小切手を振り出して支払いました。（支払地代勘

定を使用すること。）

⑪かけるくんは2か月分の水道代6,000円を、小切手を振り出して支払いました。（水道光熱費勘定を使用すること。）

⑫かけるくんはこれから訪問されるお客さんのために、お茶菓子を1,000円分買ってきました。支払いについては、小切手を振り出して支払いました。（会議費勘定を使用すること。）

⑬かけるくんは目新しい商品を求めて仙台までやってきました。仙台までの交通費5万円については、小切手を振り出して支払いました。（旅費交通費勘定を使用すること。）

⑭かけるくんは売掛金3万円を回収する際、お客さんから小切手をもらい、すぐにその小切手を当座預金口座に預けました。

⑮かけるくんは2万円分の商品を販売しお客さんから小切手をもらいました。かけるくんはその小切手をすぐに普通預金口座へ預けました。

解答

	借方	金額	貸方	金額
①	現金	5,000	売上	5,000
②	当座預金	100,000	現金	100,000
③	仕入	2,000	当座預金	2,000
④	借入金 支払利息	500,000 5,000	当座預金	505,000
⑤	当座預金	1,000,000	普通預金	1,000,000
⑥	普通預金	2,000,000	借入金	2,000,000
⑦	借入金 支払利息	2,000,000 30,000	当座預金	2,030,000
⑧	当座預金	2,000,000	定期預金	2,000,000
⑨	広告宣伝費	50,000	当座預金	50,000
⑩	支払地代	20,000	当座預金	20,000
⑪	水道光熱費	6,000	当座預金	6,000
⑫	会議費	1,000	当座預金	1,000
⑬	旅費交通費	50,000	当座預金	50,000
⑭	当座預金	30,000	売掛金	30,000
⑮	普通預金	20,000	売上	20,000

　問題⑪の水道光熱費は水道代のほかに、電気代やガス代を支払ったときにも使用します。

　問題⑭では、他人振り出しの小切手（かけるくんが振り出した小切

手ではない）を受け取っているので「現金」で会計処理しますが、すぐに当座預金口座に預け入れているので、当座預金を借方にもってきて、資産の増加を表しています。

　問題⑮も問題⑭同様、他人振り出しの小切手を受け取っていますが、すぐに普通預金口座に預けているので、普通預金を借方にもってきて、資産の増加を表しています。

図5　14の解法

かけるくんがトラックを買ったよ！

かけるくんは、たくさんの商品を仕入れたり、販売したりする際、その商品を運ぶためにトラックを買いました。

1 かけるくんがトラックを買ったよ！

トラックの代金は翌月、車屋さんの口座に振り込むことになっています。

車両　1,500,000／未払金　1,500,000

かけるくんも大きな買い物をしましたね。でも確かに、お客さんのところに運んだり、かけるくんのお店に運んだり、トラックは欠かせませんね。上の仕訳の借方は、トラックを表す車両という資産の増加を表しています。トラックが資産というのはイメージできますね。問題は貸方です。第2回で学習したように、後日お金を支払うときは「買掛金」という勘定科目を使っていました。今回は「未払金」です。どう違うのでしょうか？

2 買掛金も未払金も、後日お金が出ていくという意味では同じ！

少し難しい話ですが、買掛金も未払金も後でお金を支払わなければ

ならない点では同じです。では何が違うのでしょうか？　かけるくんは商品を仕入れてきて販売する仕事をしています。ですから、商品を仕入れてきた時に代金を後日支払うのであれば、第2回で学習したように「買掛金」を使います。でも商品の仕入以外で後日支払わなければならない分については「未払金」を使います。これらは、将来お金が出ていくものですから両方とも負債です。ではなぜ、使い分けるのでしょうか？　少しイメージしてみてください。皆さんが今、一生懸命勉強されている簿記の最終ゴールは貸借対照表と損益計算書です。その貸借対照表の貸方に「買掛金」や「未払金」が負債として計上されます。もし、一般の人が貸借対照表を見て、「買掛金」と「未払金」が載っていたらどう感じるでしょう？　皆さんのように会計に精通している人が見れば、本業として商品を仕入れた際の未払い分である「買掛金」がいくらあって、商品の仕入れ以外での未払い分を示す「未払金」がいくらあるんだなと分かることになります。つまり、貸借対照表を見た人により詳細に情報を提供できるということです。ひょっとしたら「難しいな」と感じておられる人もいらっしゃるかもしれませんね。でも大丈夫です！　今の段階では商品を仕入れた際の未払い分は「買掛金」で、商品の仕入れ以外の未払い分は「未払金」とメリハリをつけて覚えていただくとオッケーです！　何事も、少しずつ、だんだん、学習が進めば進むほど理解は深まっていきます。楽しみに勉強を続けましょう！

3　トラックを売った時はどうなるの？

　買ってきたばかりのトラックを売ることは普通ありませんが、仮に買ってきて、すぐ売ったとしましょう。余談ですが、会社を経営していると、急にまとまったお金が必要となることもあるでしょうねぇ。

元に戻ります。かけるくんの買ってきたトラックをすぐに車屋さんに売ったとします。買ってきた値段、150万円で売ることができて、代金は翌月にかけるくんの普通預金口座に振り込んでもらうことになったとすると、

未収入金　1,500,000／車両　1,500,000

と、仕訳を切ることになります。皆さんは鋭いので気が付かれたかもしれませんね！　そうです。借方が「売掛金」ではなく「未収入金」となっています。これも先ほどの「買掛金」と「未払金」の関係と同じで、どちらもお金の未回収分を表しています。将来お金が入ってくるものですので、両方とも資産です。ただ、「売掛金」は、商品を販売した際の未回収分を表す一方、「未収入金」は、商品以外のものを売ったりした際の未回収分を表しています。ですから上の仕訳の借方は、未収入金という資産の増加を表して、貸方は、車両という資産の減少を表しています。また、翌月になれば代金が振り込まれますから、そのときには、

普通預金　1,500,000／未収入金　1,500,000

と、仕訳を切ることとなります。借方は、普通預金という資産の増加を表して、貸方は、未収入金という資産の減少を表しています。ちなみに未収入金勘定は、未収金勘定と同じです。どちらを使ってもらっても構いません。ただ簿記の検定試験では、使用すべき勘定科目が指定されることがあります。その際は指示に従って解答しましょう！

④ 120万円でしか売れなかったときは？

皆さん、鋭いですね！　そうですね。150万円で買ってきたトラック

といえども、一度人の手に渡ると「中古」扱いになってしまい、買ってきた値段で売ることが難しいケースもよくあります。かけるくんが150万で買ってきたトラックを中古屋さんに120万で売って、代金は後日、かけるくんの当座預金口座に振り込んでもらう約束をしたとしましょう。

   未収入金   1,200,000   / 車両 1,500,000
   固定資産売却損 300,000 /

　借方に、初めて見る科目がありますね。150万円で買ってきたものを120万円で売っていますので、皆さんお気づきのように30万円損しています。ですから、貸方は、車両という資産の減少を表して、借方はまず、未収入金という資産の増加を表して、差額で借方に損した分の30万円を、固定資産売却損として仕訳を切っています。固定資産売却損は、文字通り、車両のような固定資産を売った際に損をすると計上されます。逆に得をするケースでは固定資産売却益が貸方に計上されます。固定資産売却損は損益計算書上、費用ですから借方に、固定資産売却益は損益計算書上、収益ですから貸方に計上されます。後日、中古屋さんから代金が振り込まれますと、

    当座預金 1,200,000 /未収入金 1,200,000

という仕訳を切ることとなります。
　今回も新しいことが盛りだくさんで、なかなかハードでしたね。ゆっくり休憩してくださいね！！

▶ 車を買って、代金は後日支払うとき

車両　××／未払金　××

▶ 上記代金を、普通預金口座から支払ったとき

未払金　××／普通預金　××

▶ 買った車を買ったときより安い値段で売り、代金については後日もらうとき

未収入金　　　××　／車両　××
固定資産売却損　××／

▶ 上記代金が、当座預金口座に振り込まれたとき

当座預金　××／未収入金　××

Q1

以下の文章を読んで、取引の仕訳を書きなさい。 解答時間20分

①かけるくんはトラックを買いました。代金の200万円については翌月に支払う予定です。

②かけるくんは①のトラックを急な入用(いりよう)のため、すぐに売却しました。200万円で売却できて、代金は来月に振り込んでもらうことになっています

③上記②の代金が約束通り、かけるくんの普通預金口座に振り込まれました。

④上記②においてトラックが100万円でしか売ることができなかった場合、どのような仕訳になるでしょうか？

⑤上記④の代金が、かけるくんの当座預金口座に振り込まれました。

⑥かけるくんはパソコンを買いました。代金の20万円については小切手を振り出して支払いました。（備品勘定を使用すること。）

⑦かけるくんは上記⑥のパソコンを12万円で中古屋さんに売りました。代金については後日もらいます。

⑧かけるくんは商品を12万円分販売しました。代金については後日もらいます。

⑨かけるくんは上記⑧の代金をお客さんが振り出した小切手でもらいました。かけるくんはその小切手をすぐに当座預金口座に預けました。

⑩上記⑦において25万円で売ることができたとすると、どのような仕訳となるでしょうか？

Q2

以下の文章を読んで、空欄①〜⑤に当てはまる言葉を【語群】から選びなさい。 解答時間5分

> 【語群】
> 資産・負債・純資産・収益・費用

　貸借対照表の借方には（　①　）があり、貸方には（　②　）と（　③　）があります。繰越利益剰余金は（　③　）である。また、借入金や買掛金は（　④　）である。未収入金（未収金）は（　⑤　）である。

解答

● A1

	借方	金額	貸方	金額
①	車両	2,000,000	未払金	2,000,000
②	未収入金	2,000,000	車両	2,000,000
③	普通預金	2,000,000	未収入金	2,000,000
④	未収入金 固定資産売却損	1,000,000 1,000,000	車両	2,000,000
⑤	当座預金	1,000,000	未収入金	1,000,000
⑥	備品	200,000	当座預金	200,000
⑦	未収入金 固定資産売却損	120,000 80,000	備品	200,000
⑧	売掛金	120,000	売上	120,000
⑨	当座預金	120,000	売掛金	120,000
⑩	未収入金	250,000	備品 固定資産売却益	200,000 50,000

　問題④や問題⑦、問題⑩については、それぞれ「固定資産売却損益」
勘定を用いても構いません。この勘定を用いる場合は、借方にあると
きに費用の増加を表して、貸方にあるときに収益の増加を表すことに
なります。通常、簿記の問題では勘定科目が与えられますので、その
指示に従って解答してくださいね。

A2

　貸借対照表の借方には（①資産）があり、貸方には（②負債）と（③純資産）があります。繰越利益剰余金は（③純資産）である。また、借入金や買掛金は（④負債）である。未収入金（未収金）は（⑤資産）である。

かけるくんが税金を払ったよ！

かけるくんはトラックを買ったので、車の税金（自動車税）を払いました。

1 かけるくんは税金を払いました。

かけるくんはトラックを買って、商品を仕入れたり、お客さんに商品を届けたり、毎日忙しく働いています。そんな中、自動車税の支払通知が届きました。ですのでかけるくんはちゃんと納付期限を守って、自動車税8,000円を支払いました。

租税公課　8,000／現金　8,000

貸方はもう大丈夫でしょうか？　そうです！　現金という資産の減少を表しています。借方は初めての科目ですね。税金などの費用を支払ったときは「租税公課」という勘定科目を使います。ですから借方は、損益計算書上の費用である租税公課を使って、費用の増加を表しています。他にも、収入印紙も租税公課を使って仕訳を切ります。収入印紙は経済的な取引において、契約書や領収書を作成する際に支払わなければならない税金（印紙税）です。具体的には郵便局などで収入印紙を買ってきて、契約書や領収書を作成する際にその収入印紙を貼り付けて消印をします。なんか難しく聞こえるかもしれませんが、要するに収入印紙を買ってきて、契約書等を作成する際に使うと考えてもらうといいのです。

2 かけるくんが収入印紙を買ってきたよ！

　かけるくんも仕事が忙しくなってきて、領収書などを作成しないといけないので、収入印紙5万円分をお店の近くの郵便局で買ってきました。

　　　　租税公課　50,000／現金　50,000

　借方は、租税公課という費用の増加を表して、貸方は、現金という資産の減少を表しています。

3 貯蔵品って何でしょう？

　かけるくんは買ってきた収入印紙を何回か使いましたが、12月31日（会計期間末）に収入印紙2万円分が残ったまま（未使用のまま）になっていました。このときは、以下のように仕訳をします。

　　　　貯蔵品　20,000／租税公課　20,000

　貸方は、租税公課という費用の減少を表しています。借方は、初めての科目ですが、郵便切手や収入印紙などの未使用分については、未だ経済的価値がありますから、貯蔵品という資産を表す勘定科目で仕訳を切ります。切手も印紙も、一度使ってしまったらもう使えませんね。使ってしまえばもう経済的価値はないという意味です。ですから借方は、貯蔵品という資産の増加を表しています。どうしてこんな仕訳をするのでしょうか？　ここに会計の根本的な考え方が関係してきます。第5回でも学習したように、簿記の最終ゴールは貸借対照表と損益計算書を作成することです。貸借対照表は会計期間末（決算日）時点での資産、負債、純資産を表します。ですから貸借対照表を見た人

は、一時点（決算日）で「この会社にはこんなに資産があるんだな」とか、「こんなに負債があるのか」とわかります。これを財政状態と言います。一方で、損益計算書は一会計期間における収益と費用を表します。こちらは貸借対照表と違って、一時点ではなくて一会計期間、つまり時間的な幅があります。通常、一会計期間は1年間ですので、損益計算書では「1年間でこれだけの収益が得られて、そのためにこんなに費用がかかったんだ」とわかるわけです。これを経営成績と言います。私たちでいうところの成績表ですね。会社などの成績表が損益計算書というわけです。そうしますと、1年間でかかった費用を損益計算書に計上しますので、かけるくんが会計期間末（決算日）において使わなかった収入印紙2万円分はこの1年間（当期）の費用にはならないわけです。次の会計期間（翌期）に、その収入印紙を使用することになります。

租税公課　20,000／貯蔵品　20,000

　翌期首はこのように仕訳を切ることになります。難しく感じられたかもしれませんが、気にせず、さらっと読み飛ばしてくださいね！　ジワジワわかってきますので！　要は、収入印紙を使った分だけ費用として処理すると考えてください。このような考え方のことを、「適正な期間損益計算」なんて言ったりします。まとめますと、損益計算書は通常、1年間で得られた収益と、これを得るためにかかった費用が計上されるので、使っていない収入印紙については、購入したかもしれないけれども、費用には計上しない。貯蔵品として資産に計上して、それを使ったときに費用として処理するのです。また、郵便切手についても同じことが言えます。かけるくんが郵便切手3万円分を買ってきたとき、

$$通信費 \quad 30,000 \Big/ 現金 \quad 30,000$$

　と、仕訳をします。貸方は現金という資産の減少を表して、借方は通信費という費用の増加を表しています。通信費は●●費からもわかるように費用を表して、通信にかかる費用である郵便切手代、電話代、インターネット代などを計上するときに使います。でも1年の最後である会計期間末（決算日）において、買ってきた郵便切手のうち1万円分は未使用であれば、

$$貯蔵品 \quad 10,000 \Big/ 通信費 \quad 10,000$$

　と仕訳を切ることになります。借方は、貯蔵品という資産の増加を表して、貸方は、通信費という費用の減少を表しています。上の二つの仕訳を合わせると、3万円の通信費の増加と1万円の通信費の減少がありますので、かけるくんが実際に使った分である2万円の通信費が損益計算書に計上されることになります。未使用の切手1万円分については通常、次の1年間（翌期）で使いますので、

$$通信費 \quad 10,000 \Big/ 貯蔵品 \quad 10,000$$

　と、翌期首に仕訳を切ることになります。
　今回もやや、難しいことを説明してしまいましたね。また、もう少し学習が進んだところでもう一度説明しますので、今はさらっと読み飛ばしてもらって、ゆっくり休憩してくださいね！

！ POINT

▶税金を払ったとき

租税公課　××／現金　××

▶収入印紙を買ったとき

租税公課　××／現金　××

▶上記収入印紙について、決算日に未使用分があるとき

貯蔵品　××／租税公課　××

▶切手を買ったとき

通信費　××／現金　××

▶上記切手について、決算日に未使用分があるとき

貯蔵品　××／通信費　××

まとめ問題

Q1

以下の文章を読んで、取引の仕訳を書きなさい。 解答時間30分

①かけるくんは5万円の固定資産税を現金で支払いました。

②かけるくんは自動車税の10万円を、小切手を振り出して支払いました。

③かけるくんは郵便局で6万円分の収入印紙を現金で購入しました。

④かけるくんは決算日に上記③で購入した収入印紙を確認したところ、1万5千円分の収入印紙が未使用のまま残っていました。

⑤かけるくんはコンビニ（お店）で郵便切手を3万円分買いました。代金については現金で支払いました。

⑥かけるくんは決算日に上記⑤の切手を確認したところ、8,000円分が未使用のまま残っていました。

⑦かけるくんは郵便局で収入印紙を10万円分買いました。代金については小切手を振り出して支払いました。なお、かけるくんは購入時に資産（貯蔵品）計上しています。

⑧かけるくんは決算日に上記⑦の収入印紙を確認したところ、5万円分が未使用のまま残っていました。

⑨かけるくんは郵便切手を7万円分現金で購入し、貯蔵品として会計処理しています。

⑩かけるくんは決算日において上記⑨の切手を調べると、2万3千円分の切手が未使用のまま残っていました。

⑪かけるくんは5万円分の商品を仕入れて、代金は小切手を振り出して支払いました。配送料の1,000円についてはかけるくんの負担で、

現金で支払いました。

⑫上記⑪で、配送料について仕入先負担の場合はどうなるのか。

⑬かけるくんはかけるくんの貯金から、お店の運転資金として現金10万円を用意した。

⑭かけるくんは仕入れてきた商品を12万円で掛け販売しました。配送料の1,200円については運送業者に現金で支払いました。配送料についてはお客さん負担です（立替金勘定を使用すること）。

⑮上記⑭において、立替金勘定を使用しない場合はどうなるのか。

解答

● A1

	借方	金額	貸方	金額
①	租税公課	50,000	現金	50,000
②	租税公課	100,000	当座預金	100,000
③	租税公課	60,000	現金	60,000
④	貯蔵品	15,000	租税公課	15,000
⑤	通信費	30,000	現金	30,000
⑥	貯蔵品	8,000	通信費	8,000
⑦	貯蔵品	100,000	当座預金	100,000
⑧	租税公課	50,000	貯蔵品	50,000
⑨	貯蔵品	70,000	現金	70,000
⑩	通信費	47,000	貯蔵品	47,000
⑪	仕入	51,000	当座預金 現金	50,000 1,000
⑫	仕入 立替金	50,000 1,000	当座預金 現金	50,000 1,000
⑬	現金	100,000	資本金	100,000
⑭	売掛金 立替金	120,000 1,200	売上 現金	120,000 1,200
⑮	売掛金	121,200	売上 現金	120,000 1,200

　問題⑦は、購入時に貯蔵品として資産計上しています。問題⑧（決算日）では、使った分だけ当期の費用として計上したいので、使った

分の5万円が租税公課として計上されています。

　問題⑨も問題⑦の同様、購入時に貯蔵品として資産計上していますが、問題⑩（決算日）において、使った分を当期の費用として計上したいので、7万円－2万3千円（未使用分）＝4万7千円（使った分）を通信費として、費用計上しています。

かけるくんが給料を払ったよ！

かけるくんのお店は順調に繁盛しています。そこで、アルバイト店員としてりんちゃんを雇うことにしました。かけるくんがお客さんに商品を届けたり、商品を仕入れに出かけているときも、りんちゃんがちゃんとお店番をしてくれるので安心です。

1 かけるくんは給料を払いました！

かけるくんは、いつも頑張って働いてくれるりんちゃんに感謝の気持ちとともに、給料を払いました。

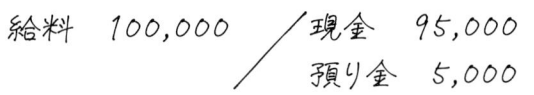

給料　100,000　／　現金　95,000
　　　　　　　　　　　預り金　5,000

借方は、りんちゃんがしっかりと働いてくれたのでそれに見合う給料（費用）が発生しています。給料という費用の増加を表しています。貸方が初めてですね。貸方の現金は、現金という資産の減少を表しています。現金は資産で、資産は貸借対照表の借方にあるものですから、それが貸方にきているということは資産の減少を表すのでしたね。これは、「かけるくんがりんちゃんに95,000円を現金で支払った」ことを表しています。あれ！？　おかしいですよね。りんちゃんの給料は100,000円なのに95,000円しか払わないなんて、なんか変ですね。今日初めて学習する貸方の預り金がこの謎を解いてくれます。預り金は

負債です。負債は貸借対照表の貸方にあります。したがって貸方の預り金は、負債の増加を表しています。「給料を払ったのに、負債が増加するってどういうこと！？」と思われたかもしれません。この預り金5,000円はりんちゃんの所得税なんです。みなさんもアルバイトなどで給料をもらった時に、「なんか少ないなぁ」と感じられたかもしれません。これは給料を支払うときに、支払う側（かけるくん）は受け取る側（りんちゃん）の所得税を天引きして、受け取る側（りんちゃん）に代わってその所得税を後日、税務署に納めるのです。

$$預り金　5,000／現金　5,000$$

かけるくんは後日、りんちゃんに代わってりんちゃんの所得税を税務署に納めました。貸方は大丈夫でしょうか。そうです。現金という資産の減少を表しています。税務署に5,000円支払うので、現金（資産）は減少しますね。借方は給料を支払った時に発生した負債である預り金がきていますね。負債は将来お金が出ていくだろうもので、かけるくんは、りんちゃんに代わって支払うべきりんちゃんの所得税をちゃんと支払ったので、預り金（負債）は減少しているのです。預り金という負債の減少を表しています。

2　りんちゃんのお買い物代を立て替えたよ！

今日もりんちゃんは一生懸命働いてくれています。りんちゃんが働いてくれるようになり、お店もますます忙しくなり、かけるくんはりんちゃんにとても感謝しています。

りんちゃんは仕事が終わって帰る前に、お財布を持ってくるのを忘れたことに気が付きました。今日は仕事の帰りに、お母さんの誕生日プレゼントとしてお花を買って帰るつもりでした。困ったりんちゃん

は、かけるくんに給料の前借りをお願いしました。かけるくんは「お母さんに素敵なお花を見つけてあげてね」と言って、5,000円をりんちゃんに渡してあげました。

立替金　5,000 ／現金　5,000

　貸方は、りんちゃんに5,000円を渡しましたから、現金という資産の減少を表しています。借方は、以前にも出てきましたが、りんちゃん（従業員）のために一時的にお金を支払ったということで、立替金という資産の増加を表しています。後日、この立替金5,000円はりんちゃんから返してもらいますから、将来お金が入ってくるだろうものということで、資産を意味しています。今回はりんちゃんの給料を支払う際に返してもらいますので、給料日に以下のような仕訳を切ることとなります。

給料　100,000 ／ 預り金　5,000
　　　　　　　　　　立替金　5,000
　　　　　　　　　　現金　　90,000

　先ほどと同じように、借方は給料という費用の増加を表して、貸方はまず、預り金という負債の増加を表しています。この預り金はりんちゃんの所得税でしたね。貸方の現金は、資産の減少を表しています。今回は前回と異なり、90,000円をりんちゃんに渡していますので、貸方に現金90,000となります。もう皆さん、お気づきですかね。そうです。りんちゃんに、給料日前に5,000円（お花代）渡していましたから、給料の際にいつもだったら95,000円渡すところ、今回は90,000円を渡したのです。ですから、貸方は、立替金という資産の減少を表しているのです。かけるくんが給料を支払う際に、りんちゃんから5,000円を返してもらったと考えればいいですね。後日、かけるくんはりん

ちゃんの所得税をりんちゃんに代わって税務署に納めますので、以下のような仕訳が待っています。

預り金　5,000／現金　5,000

　今回は、立替金や預り金を学習しました。どうだったでしょうか。立替金は従業員や取引先のために一時的に支払ったときに発生し、預り金は従業員や取引先のお金を一時的に預かったときに発生します。いずれも共通して一時的なものですので、立替金であれば後日返してもらいます（将来お金が入ってくる）から資産になりますし、預り金であれば後日支払います（将来お金が出ていく）ので負債となります。実際にお仕事をされている方はイメージしやすいかと思いますが、預り金は所得税のほかに、社会保険料（健康保険や厚生年金など）や住民税なども給料から天引きされる際に用いられます。これらも所得税と同様、従業員に代わってその従業員分の社会保険料や住民税を、給料を支払う側が後日納めることになります。例えば社会保険料である健康保険は、病院に行った際に診察料の三割だけ支払えばよかったり、出産する際に一時金がもらえたりします。厚生年金は簡単に、老後の貯えと考えるといいでしょう。

▶従業員のお買い物代を立て替えたとき

立替金　××／現金　××

▶上記従業員に、給料を支払ったとき

給料　××　　　　／預り金　××
　　　　　　　　　　立替金　××
　　　　　　　　　　現金　　××

▶従業員の所得税を納めたとき

預り金　××／現金　××

まとめ問題

Q1

以下の文章を読んで、取引の仕訳を書きなさい。 解答時間30分

①かけるくんは従業員であるりんちゃんに、現金2,000円を給料の前渡し分として渡しました。

②かけるくんはりんちゃんに給料20万円を普通預金口座から支払いました。その際、りんちゃんの所得税1万円、りんちゃんの住民税2万円、りんちゃんの社会保険料1万円、上記①の2,000円を給料から天引きしました。

③かけるくんは上記②で預かったりんちゃんの所得税を、りんちゃんに代わって税務署に現金で納めました。

④かけるくんは上記②で預かったりんちゃんの住民税を、りんちゃんのお家がある宝塚市に現金で納めました。

⑤かけるくんは上記②で預かったりんちゃんの社会保険料を、年金事務所に納めました。その際かけるくんは、りんちゃんの社会保険料の半分を負担しました。

⑥上記②で、「所得税預り金」「社会保険料預り金」「住民税預り金」の勘定科目を用いる場合、どのような仕訳となるでしょうか。

⑦かけるくんは銀行で現金100万円借りてきました。

⑧かけるくんは上記⑦で借りたお金を普通預金口座から返済しました。その際、4万円の利息も合わせて支払いました。

⑨かけるくんは5万円分の商品を掛け販売しました。お客さんのところに商品を届けるため、配送料1,300円については運送業者に現金で支払いました。今回はお客さんとの約束で、配送料についてはお

客さんが負担することになっています。

⑩かけるくんは商品を2万円分仕入れてきました。代金については小切手を振り出して支払いました。

⑪かけるくんは4万円分の商品を販売しました。代金についてはお客さんの振り出した小切手でもらい、すぐにそれを普通預金口座に預けました。

⑫かけるくんは500万円のトラックを買いました。代金は翌月に支払うことになっています。

⑬かけるくんは上記⑫のトラックを取得後すぐに350万円で売却しました。代金については今月末にもらう予定です。

⑭上記⑬においてトラックを550万円で売ることができたとすると、どのような仕訳となるでしょうか。

⑮かけるくんは決算日を向かえました。手元には未使用の切手が2,500円分残っています。これはかけるくんが6月（期中）に8,000円分の切手を購入したものです。かけるくんは購入時に切手を資産（貯蔵品）で計上しています。

解答

A1

	借方	金額	貸方	金額
①	立替金	2,000	現金	2,000
②	給料	200,000	預り金 立替金 普通預金	40,000 2,000 158,000
③	預り金	10,000	現金	10,000
④	預り金	20,000	現金	20,000
⑤	預り金 法定福利費	10,000 10,000	現金	20,000
⑥	給料	200,000	所得税預り金 社会保険料預り金 住民税預り金 立替金 普通預金	10,000 10,000 20,000 2,000 158,000
⑦	現金	1,000,000	借入金	1,000,000
⑧	借入金 支払利息	1,000,000 40,000	普通預金	1,040,000
⑨	売掛金 立替金	50,000 1,300	売上 現金	50,000 1,300
⑩	仕入	20,000	当座預金	20,000
⑪	普通預金	40,000	売上	40,000
⑫	車両	5,000,000	未払金	5,000,000
⑬	未収入金 固定資産売却損	3,500,000 1,500,000	車両	5,000,000
⑭	未収入金	5,500,000	車両 固定資産売却益	5,000,000 500,000
⑮	通信費	5,500	貯蔵品	5,500

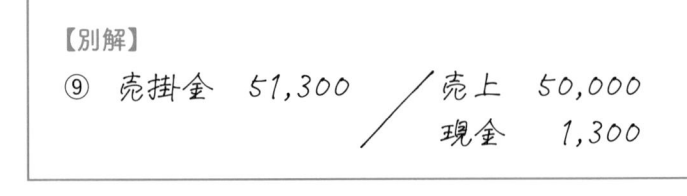

【別解】
⑨　売掛金　51,300　／　売上　50,000
　　　　　　　　　　　　現金　1,300

　問題⑤ですが、りんちゃんの社会保険料は20,000円であり、かける
くんが半分の10,000円を負担してあげています。このような負担を
事業主負担分といい、借方は「法定福利費」という費用の増加を表し
ています。つまり、りんちゃんは自分の社会保険料の半分を負担して、
残り半分をかけるくん（事業主）が負担していることになります。

図6　社会保険料の負担

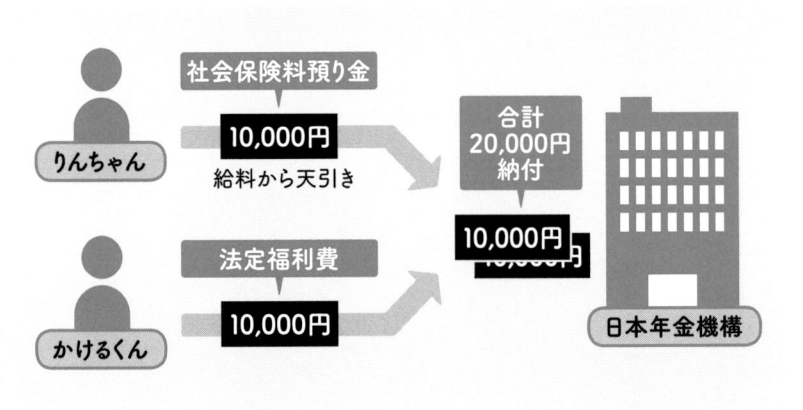

COFFEEBREAK 2

　みなさん、だいぶん簿記の学習に慣れてきたでしょうか。簿記に限らないだろうと思いますが、少しずつの積み重ねが簿記上達のカギだろうと思います。欲張らず、焦らず、少しずつ理解を深めてもらいたいと思います。

　ところでみなさん、「ガクチカ」という言葉を聞いたことがあるでしょうか。そうです。ガクチカとは、「学生時代に、特に力を入れて頑張ったこと」という意味だそうです。2022年10月4日付けテレ朝newsの記事で「盛りガクチカ」についての記事がありました。

　内容としましては、コロナ禍で本来の学生生活を送ることができなかった学生さんたちが、就職活動において採用面接の定番の質問である「ガクチカ」に頭を悩ませて、卒業予定の学生さんのうちおよそ25％の学生さんが「自身のガクチカに事実と異なる内容を盛り込んだことがある」と回答しているとのことでした。

　確かに、コロナ禍で我々の生活は一変しましたね。私も大学で講義をさせてもらい、たまに学生さんとお話しする機会がありますが、「対面で講義を受けたいがリモート講義ばっかりだ」「学校に来ても人があまりおらず、入学してからまだ友達ができていない」「サークル活動や勉強会に参加してみたかったのに、まだできていない」などの声をたくさん聞きました。コロナ禍での学生生活は本当に大変なことが多かっただろうと思います。ですので「盛りガクチカ」をしてしまう気持ちはよくわかります。しかし、嘘や偽りはいつしか、何かのタイミングでバレてしまうでしょうし、何より「盛りガクチカ」では本当の意味で、自分自身に「自信」が持てないのではないかなと思います。「学生時代に何をチャレンジするのか」については、学生さんたちはいろいろと考えをお持ちだろうと思います。無限の可能性を秘めていま

すので、私なんかはとても羨ましく思います。

　もし、本書をお読みいただいている学生さんの中で「何を頑張ろうかな」と思っておられる方がいらっしゃったら、ぜひ、「簿記を頑張ってみませんか」と言いたいのです。学生さんであればのちに、就職活動が待っていると思います。その際、いろいろな会社（組織）を検討されるでしょう。どんな会社（組織）であったとしても、規模の大小はあるものの、会計課や経理部門のない組織はないでしょう。それらの部署で必要とされる会計の基礎がまさに「簿記」ですから、「簿記」を学習することによって「社会で必要とされる人材」になれるのではないでしょうか。組織には属さず、自ら事業を興す方もいらっしゃると思いますが、それでも基本的な会計の知識は経営者にとって不可欠だろうと思います。学生さんは学生さんで、「いろいろとやりたいこと」や「やらなければならないこと」があってお忙しいと思いますが、もし本書をお読みになって「簿記もまぁまぁおもしろいな」とか、「少し勉強してみようかな」と思われたなら、ぜひ継続して「簿記」を勉強してみてほしいと思います。勉強の過程で進捗度合いを確認したければ、各種検定試験があります。それら検定試験に合格すれば、就職活動の際のアピール材料にも使えます。

　本書を読んでいただいた方の中から、「簿記をガクチカにする」方が一人でも多く出てくることを心より願っております。

かけるくんが手形をもらったよ！

　かけるくんはいつものように、隣町のお客さんのところに商品を届けています。商品を届け終わった後、お客さんから手形をもらいました。

1　手形って何？

　第2回や第3回で学習したように、商品の売買代金を後日受け取ったり、または支払ったりする取引を掛取引と言いました。売掛金（資産）であれば後日、代金をもらいますし、買掛金（負債）であれば後日、代金を支払うことになります。このような取引を手形を使って行う場合があるのです。

$$受取手形　200,000／売上　200,000$$

　かけるくんは隣町のお客さんに商品20万円分を販売しました。ですから、貸方は売上という収益の増加を表しています。借方の受取手形は売掛金と同様、後日代金をもらうことを意味しており、資産の増加を表しています。手形は権利や義務について記載された紙切れで、①振出人、②名宛人、③支払期日、④金額が書かれています。振出人は支払う人、名宛人はもらう人ですから、①振出人は、③いついつまで（支払期日）に、②名宛人に、④いくら（金額）を支払わなければなりません。今回であれば、かけるくんに手渡された手形の振出人欄にはお客さんの名前が、名宛人欄にはかけるくんの名前が書かれているこ

とになります。

普通預金　200,000／受取手形　200,000

　③支払期日がきたので、お客さんからかけるくんの普通預金口座に
商品代金20万円が振り込まれました。借方は、普通預金という資産
の増加を表して、貸方は、受取手形という資産の減少を表しています。
手形の金額がちゃんと支払われている（決済されている）ので、受取
手形は減少しますね。

図7　かけるくんが受け取った手形

2　かけるくんが手形を振り出したよ！

　かけるくんも商品を仕入れる際に、手形を振り出しました。たくさ
んの商品を仕入れましたので、たくさんの現金を持ち運びしなくて済
み、便利でした。

仕入　400,000／支払手形　400,000

　40万円分の商品を仕入れて、代金については手形を作成して（振り
出して）、仕入先にその手形を渡しました。借方は、仕入という費用
の増加を表して、貸方は、支払手形という負債の増加を表しています。

今回の手形の支払期日は8月31日でしたので、期日が来ると、かける くんは当座預金口座からお客さんの口座に400,000円振り込みました。

支払手形　400,000／当座預金　400,000

　借方は、支払手形という負債の減少を表して、貸方は、当座預金と いう資産の減少を表しています。支払手形は、後日代金を支払うこと になるので負債ですね。期日がやってきて、代金をちゃんと払ったわ けですから、支払手形（負債）が減少するわけです。かけるくんは代 金について、当座預金口座から支払ったので、当座預金（資産）が減 少します。

3 電子記録債権・債務とは?

　ここまで、手形を学習してきました。手形には権利や義務が記載され ており、この手形（紙切れ）は大切に保管しておかなければなりません。 でも時には、整理整頓ができておらず紛失してしまうこともあるかも しれませんし、残念なことに盗まれたり、火事で燃えてなくなってし まったりすることもあり得ますね。いわばこのような手形のデメリッ トを克服してくれるものとして電子記録債権・債務があります。これ まで学習してきたように、手形には①振出人、②名宛人、③支払期日、 ④金額が記載されています。これらの情報を金融機関（電子債権記録 機関）で管理してもらえれば手形（紙切れ）を保管する必要がなくな り、当事者（もらう人と支払う人）はいつでも確認できますし、紙切 れ（手形）を紛失したりすることもなくなりますね。ペーパーレスの 時代ですから、最近はこのような方法が普及しています。例えば「1 手形って何?」を電子記録で取引したとすると、

$$電子記録債権 \quad 200,000 \diagup 売上 \quad 200,000$$

　と、仕訳を切ることになります。貸方は、売上という収益の増加を表しています。借方の電子記録債権は受取手形と同様、後日代金をもらうことを意味しており資産です。ですから借方は、電子記録債権という資産の増加を表しています。手形と異なり、必要な情報はすべて金融機関（電子債権記録機関）で管理をしていますので、手形（紙切れ）を作成することも、保管することもありません。この代金が支払われてかけるくんの普通預金口座に振り込まれると、

$$普通預金 \quad 200,000 \diagup 電子記録債権 \quad 200,000$$

　と、仕訳を切ることになります。借方は、普通預金という資産の増加を表して、貸方は、電子記録債権という資産の減少を表しています。また、「2　かけるくんが手形を振り出したよ！」を電子記録で取引したとすると、

$$仕入 \quad 400,000 \diagup 電子記録債務 \quad 400,000$$

　と、仕訳を切ります。借方は、仕入という費用の増加を表していますね。貸方の電子記録債務は、支払手形と同様に、後日代金を支払うことを意味しますので、負債です。ですから貸方は、電子記録債務という負債の増加を表しています。かけるくんが後日、当座預金口座からこの代金を支払ったら、

$$電子記録債務 \quad 400,000 \diagup 当座預金 \quad 400,000$$

　と、仕訳を切ることとなります。借方は、電子記録債務という負債の減少を表して、貸方は、当座預金という資産の減少を表しています。

どうだったでしょうか？　まず手形を学習して、それから手形と似ているけれども手形のデメリットを克服している電子記録債権・債務を学習しました。初めてのことばかりで疲れたかもしれませんね。少し休憩してから、まとめの問題にチャレンジしましょう！

> ！ POINT

▶ 商品を販売して、手形をもらったとき

　　　　受取手形　××／売上　××

▶ 上記手形を回収し、普通預金口座に入金されたとき

　　　　普通預金　××／受取手形　××

▶ 商品を仕入れて、手形を振り出したとき

　　　　仕入　××／支払手形　××

▶ 上記手形を当座預金口座から支払ったとき

　　　　支払手形　××／当座預金　××

▶ 商品を販売して、後日もらう代金を電子債権記録機関で記録してもらうとき

　　　　電子記録債権　××／売上　××

▶ 上記電子記録債権を回収し、普通預金口座に入金されたとき

　　　　普通預金　××／電子記録債権　××

▶商品を仕入れて、後日支払う代金を電子債権記録機関で記録
してもらうとき

仕入　××／電子記録債務　××

▶上記電子記録債務を当座預金口座から支払ったとき

電子記録債務　××／当座預金　××

まとめ問題

Q1

以下の文章を読んで、取引の仕訳を書きなさい。 解答時間30分

①かけるくんは商品を販売しました。代金の8万円についてはお客さんが振り出した手形をもらいました。

②上記①の手形が決済されて、かけるくんの普通預金口座に振り込まれました。

③かけるくんは商品を仕入れました。代金の6万円については手形を振り出して仕入先さんに渡しました。

④かえるくんは上記③の手形の支払期日がきたので、小切手を振り出して支払いました。

⑤かけるくんは商品5万円分を掛け仕入れました。

⑥かけるくんは仕入先さんの了承を得て、上記⑤の債務について電子記録債権機関に電子記録しました。

⑦かけるくんは上記⑥の債務を普通預金口座から支払いました。

⑧かけるくんは8万5千円分の商品を掛け販売しました。

⑨かけるくんはお客さんの了承を得て、上記⑧の債権を電子記録債権機関に電子記録しました。

⑩かけるくんは上記⑨の債権を回収し、お客さんからもらった小切手を直ちに普通預金口座に預け入れました。

⑪かけるくんは商品を7万円で掛け販売しました。

⑫かけるくんはお客さんの了承を得て、上記⑪の債権について電子記録債権機関に電子記録しました。

⑬かけるくんは買掛金3万5千円の支払いのために、上記⑫で電子記

録した債権を譲渡した。

⑭かけるくんは知り合いの会社から現金50万円を借りて、手形を振り出しました。

⑮かけるくんは取引先の会社から相談を受けて、現金123万円を貸しました。その際、相手方が振り出した手形を受け取りました。

解答

A1

	借方	金額	貸方	金額
①	受取手形	80,000	売上	80,000
②	普通預金	80,000	受取手形	80,000
③	仕入	60,000	支払手形	60,000
④	支払手形	60,000	当座預金	60,000
⑤	仕入	50,000	買掛金	50,000
⑥	買掛金	50,000	電子記録債務	50,000
⑦	電子記録債務	50,000	普通預金	50,000
⑧	売掛金	85,000	売上	85,000
⑨	電子記録債権	85,000	売掛金	85,000
⑩	普通預金	85,000	電子記録債権	85,000
⑪	売掛金	70,000	売上	70,000
⑫	電子記録債権	70,000	売掛金	70,000
⑬	買掛金	35,000	電子記録債権	35,000
⑭	現金	500,000	手形借入金	500,000
⑮	手形貸付金	1,230,000	現金	1,230,000

　問題⑬のように、電子記録化された債権の一部を譲渡する（つかう）ことによって、買掛金等の支払いに充てることができます。

　また、問題⑭や⑮のように、お金を借りたり、貸した場合に手形を振り出したり、もらったときは、「手形借入金」や「手形貸付金」勘

定を使います。一般的に、お金を借りたり、貸したりするときは、書面（契約書）を作成して、「誰々が誰々に、いくら貸しました」「返済期限はいついつです」「返済方法はこれこれです」のように記録しておきます。せっかく大切なお金を貸してあげたのに、「借りてないよ、借りたっけ！？」などと言われると困りますよね。この書面を作成する代わりに、手形を振り出した（作成した）と考えてください。手形には「誰が、誰に、いくら、いつまでに支払う」ことが記されていますから安心ですね。

図8　手形貸付金、手形借入金の仕訳

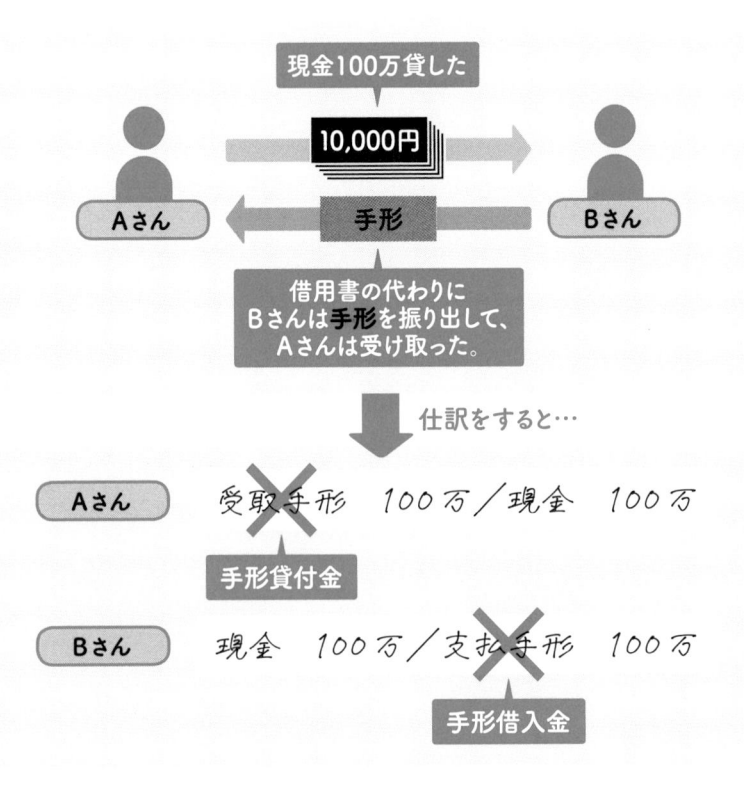

かけるくんが手付金をもらったよ！

　かけるくんはいつも商品を購入してくれるお得意さんから注文を受けました。たくさんの注文を受けてうれしかったのですが、かけるくんのお店には在庫がありませんでした。そこで急いで準備して商品を届ける旨を伝えたところ、手付金を預かりました。

1 　手付金って何？

　在庫がなかったので、かけるくんは商品を引き渡すことができませんでした。それなのに手付金としてお得意さんから10万円をもらいました。

> 現金　100,000／前受金　100,000

　借方は、現金という資産の増加を表しています。お得意さんから手付金をもらいましたので、現金は増加しますね。貸方の前受金とは何でしょうか。これは、商品を引き渡す前に、前もって代金の一部を手付金（内金）として受け取ったことを意味しています。かけるくんは手付金として10万円をもらいましたが、約束通り、急いで商品を仕入れてきてお得意さんに商品を引き渡さなければなりませんね。もし、約束通り商品を引き渡すことができなければ、10万円をお得意さんに返さなければなりません。ですから前受金は負債を表しています。貸

方は、前受金という負債の増加を表しています。

2 かけるくんが商品を届けたよ!

　かけるくんはお得意さんから10万円をもらったこともあり、できる
だけ急いで商品を仕入れてきて、注文通り、商品を届けました。こう
いうことの積み重ねが、お客さんとの信頼関係に繋がっていくのかも
しれませんね。

```
現金      100,000   ／  売上    200,000
前受金    100,000   ／
```

　貸方は、かけるくんがお得意さんに20万円分の商品を引き渡したこ
とを意味しています。ですから、売上という収益の増加を表していま
す。それに対して借方ですが、20万円分の商品を届けたので、かける
くんはお得意さんから20万円もらえることになりますが、前もって代
金の一部である10万円は注文時にもらっていましたね。ですから今回
はまず、前もって受け取っていた前受金を借方にもってきて負債の減
少を表しています。そして残りの差額である10万円について現金で受
け取っていますので、現金という資産の増加を表しているのです。

3 お客さんから注文を受けたら必ず仕訳をするの?

　注文時に、かけるくんが代金の一部を受け取ったので前受金(負債)
を使って仕訳をしました。ではもし、注文時に代金の一部を受け取っ
ていなかった場合は、どんな仕訳をするのでしょうか?　答えは、仕
訳をしないのです。お客さんから注文を受けるというのは、ビジネス
における立派な契約を結んだことになります。ですが皆さんが今、一

生懸命勉強されている簿記において何が大切だったでしょうか？ そうです！ 「資産」「負債」「純資産」「収益」「費用」という５つの要素がどうなったのかでしたね。契約は成立したかもしれませんが、これら５つの要素に変化はありませんね。商品を引き渡していないので、注文時に売上（収益）を計上するわけにはいきません。ただ代金の一部をもらうと、現金（資産）が増加しますね。だから借方には現金がきているわけです。われわれが今使っている複式簿記において借方だけの仕訳なんてありませんから、貸方は何になるかなと考えてみると、もしかけるくんが注文通り商品を引き渡すことができなければ、その一部代金を返さなければならないので前受金（負債）を計上するわけです。このように、日々の様々な取引を仕訳でもって記録するのですが、仕訳を考える際「この取引で５つの要素の何が動いているのかな」と考えてみると、仕訳のイメージがしやすくなります。

④ かけるくんが手付金を払ったらどうするの？

　ここまでは、かけるくんが手付金を受け取ったケースを見てきました。でも、逆のパターンも考えられますよね。そうです。かけるくんが仕入れに行ったけれども、その時には仕入先に商品がなくて、注文だけしておいて後日受け取るときです。その際代金の一部（手付金）を支払ったとすると、

$$前払金 \quad 5,000 \Big/ 現金 \quad 5,000$$

と、仕訳を切ることとなります。貸方は現金という資産の減少を表しています。手付金５千円を支払ったので、現金が減りますよね。借方は前払金（前渡金）という資産の増加を表しています。これは、約束通り商品を引き渡してもらえなかったら、５千円を返してもらうこ

とになりますので、お金が入ってくるので資産を意味しています。実際にちゃんと注文した商品を受け取ると、

$$仕入 \quad 20,000 \quad / \quad 現金 \quad 15,000$$
$$前払金 \quad 5,000$$

と、仕訳を切ることとなります。注文通り、2万円の商品を仕入れることができたので、借方は仕入という費用の増加を表しています。2万円分の商品を仕入れたので、仕入先に2万円を支払わなければなりませんが、前もって手付金5千円を払っていたので、貸方は前払金という資産の減少を表して、残額の1万5千円を支払いますから、現金という資産の減少を表しています。

今回は注文時に代金を、前もって支払ったり、前もって受け取ったりしたときの会計処理について学習しました。がんばって復習して、まとめの問題にチャレンジしてみてくださいね！

！ POINT

▶ お客さんから手付金をもらったとき

$$現金 \quad \times\times \quad / \quad 前受金 \quad \times\times$$

▶ 上記お客さんに商品を販売したとき

$$現金 \quad \times\times \quad / \quad 売上 \quad \times\times$$
$$前受金 \quad \times\times \quad /$$

▶ 仕入先に手付金を支払ったとき

前払金　××／現金　××

▶ 上記仕入先から商品を仕入れたとき

仕入　××／現金　　××
　　　　　　前払金　××

まとめ問題

Q1

以下の文章を読んで、取引の仕訳を書きなさい。 解答時間30分

①かけるくんは商品を仕入れる際、内金として先に現金5万円を支払いました。

②上記①で注文していた20万円分の商品が届きました。内金との差額は、後日支払うことになりました。

③かけるくんは上記②の未払い分を、小切手を振り出して支払いました。

④かけるくんはお客さんから商品の注文を受けました。その際、手付金として10万円がかけるくんの普通預金口座に振り込まれました。

⑤かけるくんは上記④について注文通り、お客さんのもとへ30万円分の商品を届けました。手付金との差額については今月末に支払ってもらいます。

⑥かけるくんは上記⑤の差額分について、お客さんが振り出した小切手を受け取りました。

⑦かけるくんは上記⑥の小切手を当座預金口座に預け入れました。

⑧かけるくんは商品代金2万円と配送料1千円の合計金額で商品を販売しました。この代金については後日もらう約束です。発送の際に、運送業者に現金1千円を支払いました。

⑨かけるくんは「送料無料」の商品を5万円で販売しました。代金については後日もらうことになっています。お客さんのもとへ商品を届けるために配送料1,500円がかかり、現金で支払いました。

⑩かけるくんは銀行で250万円借りました。利息については借入時に

支払うこととし、7万円の利息は差し引かれて、現金で受け取りました。

⑪かけるくんは商品のカタログを作ってもらいました。作成費用の10万円については、小切手を振り出して支払いました。（広告宣伝費勘定を使用すること。）

⑫かけるくんはトラックを買いました。代金の500万円については今月末に支払う予定です。

⑬かけるくんは仕入れてきた商品を15万円で掛け販売しました。配送料の1,800円については運送業者に現金で支払いました。配送料についてはお客さん負担です。（立替金勘定を使用しないこと。）

⑭かけるくんは給料を払ったときに預かったりんちゃんの社会保険料の一部である15,000円を、年金事務所に現金で納めました。その際かけるくんは、りんちゃんの社会保険料の半分を負担しました。

⑮かけるくんは取引先から現金100万円を借りて、手形を振り出しました。

解答

	借方	金額	貸方	金額
①	前払金	50,000	現金	50,000
②	仕入	200,000	前払金 買掛金	50,000 150,000
③	買掛金	150,000	当座預金	150,000
④	普通預金	100,000	前受金	100,000
⑤	前受金 売掛金	100,000 200,000	売上	300,000
⑥	現金	200,000	売掛金	200,000
⑦	当座預金	200,000	現金	200,000
⑧	売掛金 発送費	21,000 1,000	売上 現金	21,000 1,000
⑨	売掛金 発送費	50,000 1,500	売上 現金	50,000 1,500
⑩	支払利息 現金	70,000 2,430,000	借入金	2,500,000
⑪	広告宣伝費	100,000	当座預金	100,000
⑫	車両	5,000,000	未払金	5,000,000
⑬	売掛金	151,800	売上 現金	150,000 1,800
⑭	預り金 法定福利費	15,000 15,000	現金	30,000
⑮	現金	1,000,000	手形借入金	1,000,000

りんちゃんが出張に行ったよ!

　かけるくんはお店が順調に成長してきたので、新しい商品を求めて新しい仕入先やそれを売るための新しいお客さんを見つけたいなぁと考えています。そこで、かけるくんはりんちゃんに東京へ出張をお願いしました。新しい商品や新しいお客さんは見つけられたでしょうか。

1　仮払金って何?

　従業員であるりんちゃんに出張をお願いしました。東京へ出張しようとすると交通費や宿泊費など、いろいろな費用がかかりますね。でも出張に行く前から、「ピッタリいくらいくらの費用がかかる」とわかるわけではありません。出張から帰ってきて、レシートや領収書を照らし合わせて、今回の出張でいくらの費用がかかったとわかるわけです。ですからかけるくんは概算で10万円をりんちゃんに渡しました。りんちゃんが出張から戻ってきたら、精算します。

$$仮払金　100,000 ／ 現金　100,000$$

　貸方は現金という資産の減少を表していますね。かけるくんがりんちゃんに10万円渡したのだから、現金は減りますね。借方の仮払金（資産）は、「概算で、仮に払ったんだけれども、あとでしっかりと精

算しますよ」という意味があります。

2　仮受金って何？

　りんちゃんは元気よく、東京へ出張に出掛けました。りんちゃんの出張中に、かけるくんが普通預金口座を確認していると、20万円の入金を見つけました。かけるくんはこのとき、「りんちゃんが振り込んだのかもしれない。りんちゃんが帰ってきてから確認しよう。」と考えました。

　　普通預金　200,000 ／仮受金　200,000

　借方は普通預金という資産の増加を表しています。実際に、かけるくんが普通預金口座の通帳を確認したら20万円残高が増えていたのですから、資産が増加していますね。貸方の仮受金（負債）は仮払金（資産）と同じように、「一旦、入金があったけれども、あとでしっかり何の入金だったのか確認しますよ」という意味があります。仮受金も仮払金もあとでしっかりと確認すべきことを意味しますので、仮の科目ということになります。

3　りんちゃんが出張から帰ってきたよ

　りんちゃんは出張から笑顔で帰ってきました。まずやらなければならないことがありましたね。「この出張でかかった費用はいくらっだのか」を確認しないといけません。りんちゃんはちゃんと、出張中にお金を支払ったときに受け取ったレシートや領収書を保管していたので、それらをかけるくんに見せました。それらレシートや領収書によると、新幹線等の交通費に4万円、ホテル代に2万円、わざわざ時間

を割いて会ってくれるので先方に出向くときに持って行ったお茶菓子代に2万円、それぞれお金がかかったことがわかりました。

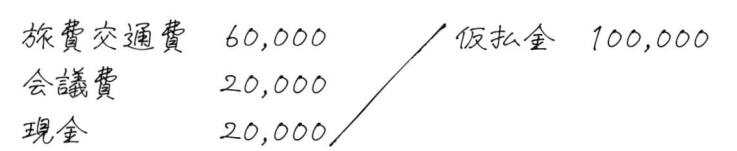

旅費交通費	60,000	仮払金	100,000
会議費	20,000		
現金	20,000		

　貸方は、仮の科目として計上していた仮払金を精算しますので、借方にあった仮払金を貸方にもっていって消しています。借方はまず、交通費や宿泊代あわせて6万円分を旅費交通費と計上し、費用の増加を表しています。また、先方へのお土産代として2万円分を会議費として計上し、費用の増加を表しています。ここまでで、借方合計8万円に対して貸方合計10万円です。仕訳は必ず、貸借が一致します。つまり借方合計と貸方合計は必ず一致するのです。貸借差額の2万円は何を表しているのでしょう。そうです。出張前に概算で、りんちゃんに10万円渡したけれども、実際には出張で8万円使ったので、2万円をりんちゃんがかけるくんに返したのです。ですので、借方は、現金という資産の増加を表しています。

4　出張中の入金は何だったの？

　さらに忘れてはいけないのが、仮受金もありましたね。りんちゃんの出張中に、普通預金口座に20万円の入金がありました。なんで20万円入金があったのかわからなかったので、仮受金で処理していました。この件について、かけるくんがりんちゃんに確認してみると、得意先に対する売掛金の回収だということがわかりました。

　　仮受金　200,000／売掛金　200,000

借方は、仮払金と同じで、仮の科目として計上していた仮受金を、借方にもってくることによって消しています。貸方は、出張から帰ってきたりんちゃんに確認して、売掛金の回収だとわかったので、売掛金という資産の減少を表しています。

　今回は仮払金と仮受金について学習しました。どちらも仮に計上している仮の科目ですので、あとでしっかりと確認することが大切でしたね。まとめの問題にチャレンジしてみましょう！

❗ POINT

▶ **出張する従業員に概算でお金を渡したとき**

仮払金　××／現金　××

▶ **上記従業員が出張から戻ってきて精算したとき**

旅費交通費	××	／仮払金	××
会議費	××		
現金	××		

▶ **出張中の従業員から普通預金口座に入金があったが、何のお金かわからないとき**

普通預金　××／仮受金　××

▶ **上記従業員に確認したところ、売掛金の回収であることがわかったとき**

仮受金　××／売掛金　××

まとめ問題

Q1

以下の文章を読んで、取引の仕訳を書きなさい。 解答時間30分

①かけるくんは仙台へ出張するりんちゃんに交通費等を、概算で現金10万円を渡しました。

②上記①について、りんちゃんが出張から戻ってきたので交通費等を精算しました。りんちゃんが見せてくれたレシートや領収書によると、飛行機代が6万円で、ホテル代が5万円でした。不足分については現金で支払いました。

③かけるくんは広島へ出張するりんちゃんに、概算で旅費を5万円、現金で渡しました。

④上記③について、りんちゃんが広島から戻ってきたので精算すると、新幹線代が2万円、ホテル代が1万円、先方へのお土産代が3千円でした。

⑤上記③の出張中に、りんちゃんから普通預金口座に2万5千円の振り込みがありました。このお金の詳細については、出張から戻ってきてから聞きます。

⑥上記⑤のお金についてりんちゃんに確認したところ、2万円は売掛金の回収であり、残額は商品代金の内金であることがわかりました。

⑦かけるくんは上記⑥で内金を支払ってくれたお客さんのもとへ、3万円分の商品を送りました。商品代金は今月末にもらう予定です。発送の際、運送業者の方に2千円の配送料を現金で支払いました。

⑧かけるくんは上記⑦の商品代金を、お客さんが振り出した小切手で受け取りました。

⑨かけるくんは上記⑧で受け取った小切手で、2万5千円のプリンターを1台購入しました。（備品勘定を使用すること。）

⑩かけるくんは商品を5万円分仕入れて、代金は小切手を振り出して支払いました。

⑪かけるくんは5万円の受取手形を回収する際、以前にかけるくんが振り出した、上記⑩の小切手を受け取りました。

⑫かけるくんは売掛金2万円の回収の際に、お客さんが振り出した小切手を受け取り、直ちに当座預金に預け入れた。

⑬かけるくんは9万円分の商品を仕入れる際に、以前にお客さんからもらった受取手形を裏書きして支払った。

⑭かけるくんは商品を3万円分仕入れる際に、手形を振り出しました。

⑮かけるくんは売掛金3万円の回収の際に、以前にかけるくんが振り出した上記⑭の手形を受け取りました。

解答

⬤A1

	借方	金額	貸方	金額
①	仮払金	100,000	現金	100,000
②	旅費交通費	110,000	仮払金 現金	100,000 10,000
③	仮払金	50,000	現金	50,000
④	旅費交通費 会議費 現金	30,000 3,000 17,000	仮払金	50,000
⑤	普通預金	25,000	仮受金	25,000
⑥	仮受金	25,000	売掛金 前受金	20,000 5,000
⑦	前受金 売掛金 発送費	5,000 25,000 2,000	売上 現金	30,000 2,000
⑧	現金	25,000	売掛金	25,000
⑨	備品	25,000	現金	25,000
⑩	仕入	50,000	当座預金	50,000
⑪	当座預金	50,000	受取手形	50,000
⑫	当座預金	20,000	売掛金	20,000
⑬	仕入	90,000	受取手形	90,000
⑭	仕入	30,000	支払手形	30,000
⑮	支払手形	30,000	売掛金	30,000

問題⑧で受け取った小切手は、他人が振り出した小切手（当社が振り出した小切手ではない）ですから、金融機関に持っていけば現金化できるのでしたね。その小切手を金融機関に提示せずに（現金化せずに）、問題⑨のように何らかの支払いに充てることができます。これを裏書きといいます。

　問題⑪では、以前にかけるくんが振り出した小切手が裏書きされて、またかけるくんのもとへ戻ってきました。小切手を振り出したときには当座預金を減らしました。ですから振り出した小切手が戻ってきたときは当座預金を増やしましょう。

　問題⑬では、受取手形について裏書きをしています。小切手と同様、受取手形についても現金化することなく裏書きをして何らかの支払いに充てることができます。問題⑮では、以前にかけるくんが振り出した手形が裏書きされて、再び、かけるくんのもとへ戻ってきました。振り出したときに支払手形（負債）を増やしました。その振り出した手形が戻ってきたら、支払手形（負債）を減らしましょう。

図9　小切手の裏書き

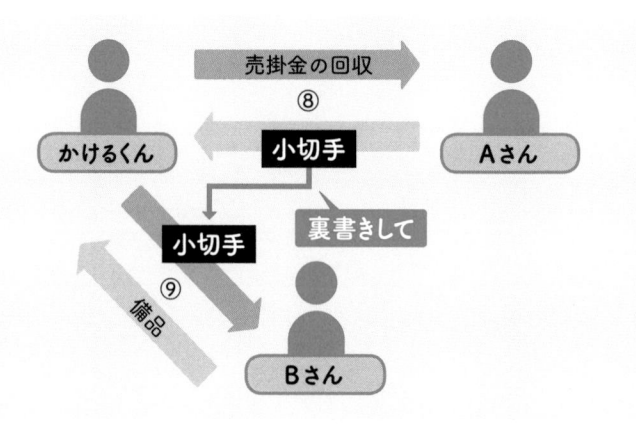

かけるくんが社長になったよ！

かけるくんはお店が順調に成長してきたので、会社（法人）として経営していくことにしました。かけるくんは会社の社長です。かっこいいですね！

1 中間申告って何？

かけるくんはお店が法人になったので、法人税の中間申告を行いました。法人税というのは、株式会社などの法人の利益に対して課される税金です。法人税以外にも、住民税や事業税という税金も同じように課されますので、まとめて「法人税等」と呼ばれることが一般的です。簡単に言えば、法人税等は会社が支払うべき税金ですね。これらの税金は、収益と費用の差額である利益（税法では所得といいます）に対して課されます。ですから4月1日〜3月31日を一会計期間とすると、この一年間が終わって、3月31日以降に収益と費用が確定されて利益が算出され、税金がいくらかわかることになります。ところが、かけるくんは3月31日がやってくる前に中間申告をして、税金を納めました。なぜでしょうか。これは、年に1回決算、つまり収益や費用を確定する会社では、会計期間の真ん中（期中）で、おおよそ半分ぐらいを申告して税金を納付することになっています。これを中間申告と言います。まだ3月31日がやってきていないので、収益や費用が確定しておらず、税金もいくらかわかりませんね。ですから前期（前の

4月1日から3月31日）の法人税等のおおよそ半分ぐらいを、中間申告で納めることになっています。

仮払法人税等　100,000／現金　100,000

　前期の法人税等が200,000円だったので、その半分の100,000円を税務署に納めています。貸方は、現金という資産の減少を表しています。借方は、仮払法人税等という資産の増加を表しています。これは、3月31日以降にいくらなのかはっきりする税金の、いわば前払いという意味合いですので、一旦資産計上しておいて後に精算します。

2　3月31日（決算日）になったよ！

　決算日になったのでかけるくんは、この一年間（当期）の収益と費用を確定させて、差額でもって利益を算出しました。その利益から税金を計算してみると、当期の法人税等は300,000円であることがわかりました。

法人税、住民税及び事業税　300,000　／　仮払法人税等　100,000
　　　　　　　　　　　　　　　　　　　　未払法人税等　200,000

　借方は、法人税、住民税及び事業税という費用の増加を表しています。かけるくんの会社が当期、負担すべき法人税等（費用）300,000が計上されています。ちなみに、「法人税、住民税及び事業税」は長いので、「法人税等」で仕訳を切ることもあります。かけるくんの会社は当期の税金として300,000円を支払わなければなりません。しかし、先ほども見たように、期中に概算で100,000円を納付していました。これは前払いに相当しますので、貸方は仮払法人税等という資産の減少を表しています。前もって一部を支払っており、それを控除した200,000

円を支払わなければなりませんので、貸方は、未払法人税等という負債の増加を表しています。この未払法人税等は基本的に、決算日から2か月以内に申告して納付することとなっています。申告とは、「当期において税金を計算するとこうなりましたよ」と書面で税務署に報告することです。ですから、かけるくんがこれらの税金を納付すると、

未払法人税等　200,000／現金　200,000

という仕訳を切ることとなります。借方は、未払法人税等という負債の減少を、貸方は、現金という資産の減少を、それぞれ表しています。

図10　会社の税金に関する会計処理

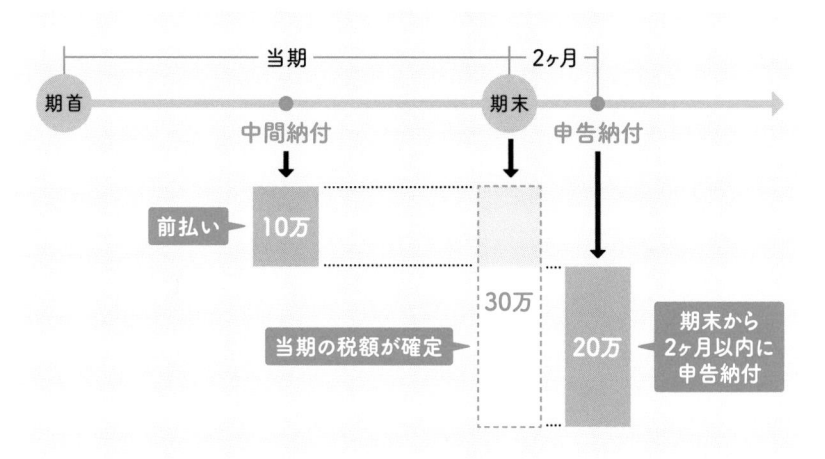

　今回は、会社の税金に関する会計処理を学習しました。かなり複雑で、わかりにくかったところもあるかもしれません。何でもそうだろうと思いますが、「すぐに、パッとわかる」ことばかりではありませんね。ジワジワ少しずつわかってくることもたくさんあります。モヤモヤしていることがあっても、サッと読み飛ばしてもらって、わかると

ころだけかいつまんで、次へ次へと進んでいってもらいたいと思います。今度このページに戻ってきたときに、「なるほどね！」とわかることもありますよ。継続が大切！

！ POINT

▶ **法人税等の中間申告をしたとき**

．．．

仮払法人税等　××／現金　××

▶ **決算日をむかえて、当期負担すべき法人税等がわかったとき**

．．．

法人税、住民税及び事業税　××　／仮払法人税等　××
　　　　　　　　　　　　　　　／未払法人税等　××

▶ **上記未払い分を納付したとき**

．．．

未払法人税等　××／現金　××

まとめ問題

Q1

以下の文章を読んで、取引の仕訳を書きなさい。 解答時間30分

①かけるくんの会社は法人税の中間申告を行い、5万円分の小切手を振り出して納付した。

②上記①について決算日をむかえ、当期の法人税等の金額が13万円とわかりました。

③上記②について、税務署に行って現金で申告納付しました。

④かけるくんの会社は10月31日に法人税の中間申告を行い、法人税等を現金で3万円納めました。

⑤上記④について、決算日をむかえて当期の法人税等を計算しました。計算したところ法人税等は7万円となりました。

⑥上記⑤について、未払い分を4月30日に申告して現金で納付しました。

⑦かけるくんの会社は500万円で買ってきたトラックをすぐに500万円で売却しました。売却代金については今月末にもらう予定です。

⑧かけるくんの会社は商品を50万円で販売しました。代金については2週間後にもらう予定です。

⑨かけるくんの会社は商品を27万円で仕入れてきました。代金については翌月末に支払う約束です。

⑩かけるくんの会社はパソコンを28万円で購入しました。この購入代金については翌週に支払う予定です。

⑪上記⑧について、販売時にお客さんが振り出した手形をもらったとすると、どのような仕訳になるでしょうか。

⑫上記⑧について、販売時にかけるくんの会社が以前に振り出した手形をお客さんからもらったとすると、どのような仕訳になるでしょうか。

⑬かけるくんの会社は商品を8万円で販売し、代金はお客さんが振り出した小切手でもらいました。

⑭かけるくんの会社は上記⑬でもらった小切手を金融機関に持って行かず、買掛金8万円の支払いにつかいました。

⑮かけるくんの会社は商品を販売しました。代金の11万円については、お客さん振り出しの小切手をもらい、すぐにかけるくんの会社の当座預金口座に預けました。

解 答

● A1

	借方	金額	貸方	金額
①	仮払法人税等	50,000	当座預金	50,000
②	法人税等	130,000	仮払法人税等 未払法人税等	50,000 80,000
③	未払法人税等	80,000	現金	80,000
④	仮払法人税等	30,000	現金	30,000
⑤	法人税等	70,000	仮払法人税等 未払法人税等	30,000 40,000
⑥	未払法人税等	40,000	現金	40,000
⑦	未収入金	5,000,000	車両	5,000,000
⑧	売掛金	500,000	売上	500,000
⑨	仕入	270,000	買掛金	270,000
⑩	備品	280,000	未払金	280,000
⑪	受取手形	500,000	売上	500,000
⑫	支払手形	500,000	売上	500,000
⑬	現金	80,000	売上	80,000
⑭	買掛金	80,000	現金	80,000
⑮	当座預金	110,000	売上	110,000

　問題②や問題⑤の場合、借方は「法人税、住民税及び事業税」とする場合もあります。検定試験など、簿記の問題は通常、勘定科目が指定されます。ですので、指定された勘定科目を使って解答してくださ

い。

　問題④のように、中間申告は期首から6か月が経過した日から2か月以内に申告して納付することとなっています。4月1日が期首の場合、10月1日から11月30日までの間に申告納付することになります。

かけるくんが消費税を払ったよ！

　かけるくんの会社は日本国内で商品の販売をしています。消費税は、国内での商品の販売やサービスの提供に課税される税金ですので、かけるくんの会社も納付することになります。消費税の仕組みについて学習しましょう！

1　商品を仕入れた時はどうするの？

　消費税の仕組みを理解するため、ごくごく簡単な例で考えてみましょう。例えば、仕入先から1,000円で仕入れてきた商品を3,000円で販売したとします。

```
仕入           1,000  ／ 買掛金   1,100
仮払消費税等     100 ／
```

　まず、仕入れてきたときにはこのように仕訳をします。貸方は、買掛金という負債の増加を表しています。買掛金は「今日は支払いませんよ。後日支払いますね。」という意味でしたね。でも「1,000円で仕入れてきたのに1,100円払うの？」って思われた方もいらっしゃるかもしれませんね。余分の100円が、1,000円の10パーセントの消費税ですよね。借方を見てもらったらわかるように、仕入という費用の増加がまずあって、それとは別に消費税の分が仮払消費税等として計上

されています。細かい話ですが、消費税には国税部分と地方税部分があるので、一般的には仮払消費税「等」とします。検定試験などでは「仮払消費税」と記載されていたり、科目を指定されたりする場合もありますが、同じ意味です。問題を解答する際は、問題文で指示されたものを使って解答してください。

2 商品を販売した時はどうするの？

売掛金　3,300　／売上　　　　　3,000
　　　　　　　　　仮受消費税等　300

　1,000円で仕入れてきたものを3,000円で売ったので、貸方は、売上という収益の増加を表しています。皆さんもご存知のように、この取引にも消費税が課されますから「後日、消費税を含めた3,300円をもらいますよ。」ということで、借方は、売掛金という資産の増加を表しています。3,300円もらうと言っても300円は消費税ですから、かけるくんのもうけではありませんね。ですから3,000円については売上（収益）計上しても、300円まで売上（収益）とするわけにはいきません。先ほど見たように、消費税を支払ったときに仮払消費税等（資産）でしたから、もらったときには仮受消費税等（負債）の科目で処理します。貸方は、仮受消費税等という負債の増加を表しています。

3 決算日でどうするの？

　会計期間末（決算日）がやってくると、消費税の精算をすることになります。具体的には、期中に計上された仮払消費税等（資産）と仮受消費税等（負債）を相殺消去することにより、差額で未払消費税等

（負債）を計上します。

仮受消費税等　300　／　仮払消費税等　100
*　　　　　　　　　／　未払消費税等　200*

　借方に仮受消費税等（負債）をもってきて、貸方に仮払消費税等（資産）をもってきて、差額でもって未払消費税等（負債）を計上しています。かけるくんは当期中に、消費税を100円支払って、消費税300円をもらったので、差額の200円を税務署に納めればいいということです。ですから貸方は、未払消費税等という負債の増加を表しています。通常、会社（法人）の場合は決算日から2か月以内に申告して納付することになっています。

4　間接税ってなんだろう？

　なんとなく、一連の流れはわかったでしょうか？　今回はかなりシンプルな例を考えてみました。かけるくんが1,000円で仕入れてきたものを3,000円で販売した時の消費税の流れです。今回の300円の消費税は結局、誰が負担するのでしょうか？　そうです。かけるくんのお客さんが300円を負担するのですね。3,000円の商品を購入したけど、3,300円、つまり300円余分に支払っています。一方で、実際に税金を納付するのは誰でしょう？　かけるくんが200円、かけるくんの仕入先が100円をそれぞれ納付します。このように、実際に税金を納める人を納税者といい、税金を負担する人を担税者といいます。今回であれば、かけるくんやかけるくんの仕入先は納税者で、かけるくんのお客さんが担税者ということになります。納税者と担税者が異なる税金を一般に、間接税といい、納税者と担税者が一致するような税金を直接税といいます。具体的にいうと、消費税は間接税となり、所得税や

法人税は直接税となります。

図11　消費税（間接税）のしくみ

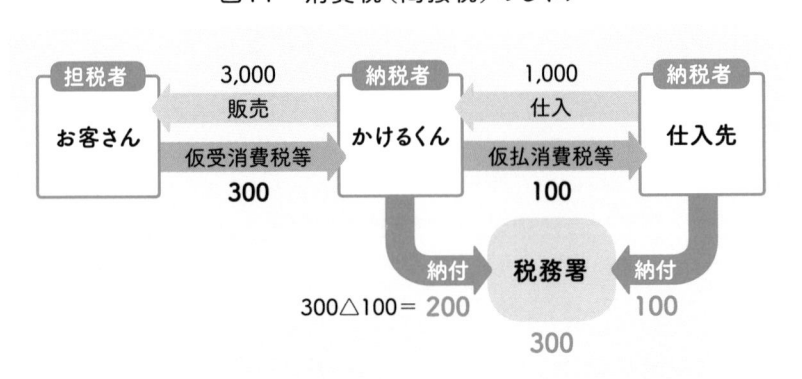

5　中間申告って何？

　前回の法人税でも出てきたように、消費税についても期中に中間申告及び納付（中間納付）することがあります。でも、全然難しくありません。前回の法人税と同様、消費税についても当期の税額は決算日以降に確定します。ですから、それまで（期中）に払った分は簡単に、前払いと考えてもらうといいのです。例えば、期中に1,000円中間納付したとすると、

仮払消費税等　1,000／現金　1,000

と、消費税を支払ったときと同じように仕訳を切ればいいわけです。こうすることで決算日に消費税の精算ができるのです。借方は、仮払消費税等という資産の増加を表し、貸方は、現金という資産の減少を表しています。

今回も、慣れない言葉がたくさん出てきましたね。ゆっくり、少しずつ慣れていってくださいね！　だんだん慣れてくると、少しずつわかってきて、簿記が面白くなってきますよ！

> **! POINT**
>
> ▶ **商品を掛仕入したとき**
>
> | 仕入 | ×× | 買掛金 | ×× |
> | 仮払消費税等 | ×× | | |
>
> ▶ **商品を掛販売したとき**
>
> | 売掛金 | ×× | 売上 | ×× |
> | | | 仮受消費税等 | ×× |
>
> ▶ **消費税の中間申告をしたとき**
>
> | 仮払消費税等 | ×× | 現金 | ×× |
>
> ▶ **決算日をむかえて、消費税の精算をしたとき**
>
> | 仮受消費税等 | ×× | 仮払消費税等 | ×× |
> | | | 未払消費税等 | ×× |
>
> ▶ 納税者と担税者が一致するような税金を直接税といい、納税者と担税者が異なる税金を間接税といいます。消費税は間接税となり、所得税や法人税は直接税となります。

√ 第12回

まとめ問題

Q1

以下の文章を読んで、取引の仕訳を書きなさい。なお、消費税（税率 10%）については指示があるものだけ考慮すること。 解答時間30分

①かけるくんの会社は、商品を5万円分仕入れて消費税とともに掛けとしました。

②かけるくんの会社は商品を10万円で販売し、代金は消費税とともに掛けとした。

③かけるくんの会社はボールペンやのり、はさみ、消しゴムなど文房具を5千円分購入しました。代金は、消費税とともに現金で支払いました。（事務用消耗品費勘定を使用すること。）

④かけるくんの会社はパソコンを10万円で購入しました。代金については消費税も含め、今月末に支払います。

⑤かけるくんの会社は商品を50万円分販売し、代金は消費税も含め、お客さん振り出しの手形でもらいました。

⑥かけるくんの会社は消費税の中間納付で、1万円を現金で納めました。

⑦かけるくんの会社は決算日をむかえたため、上記①〜⑥について、消費税の精算を行いました。

⑧かけるくんの会社は上記⑦の未払い分について、現金で支払いました。

⑨かけるくんの会社は10万円分の商品を掛け仕入れました。運送代の 2,500円については現金で支払いました。運送代は仕入先負担となっています。

⑩かけるくんの会社は20万円で商品を販売しました。代金については、以前にかけるくんの会社が振り出した20万円の手形をもらいました。配送料の1,500円については現金で支払いました。配送料はお客様負担です。

⑪かけるくんの会社はコピー機を20万円で購入しました。代金は翌月に支払う予定です。（備品勘定を使用すること。）

⑫かけるくんの会社は5千円分の切手を買ってきました。代金は現金で払い、買ってきたときに費用計上しています。

⑬決算日をむかえました。上記⑫の切手を確認したところ、2千円分の切手が未使用となっていました。

⑭かけるくんの会社は1万円分の収入印紙を購入し、現金を払いました。会計処理については、購入時に資産計上をしています。

⑮決算日をむかえました。上記⑭の収入印紙を見てみると、3千円分の収入印紙が未使用のままです。

解答

A1

	借方	金額	貸方	金額
①	仕入 仮払消費税等	50,000 5,000	買掛金	55,000
②	売掛金	110,000	売上 仮受消費税等	100,000 10,000
③	事務用消耗品費 仮払消費税等	5,000 500	現金	5,500
④	備品 仮払消費税等	100,000 10,000	未払金	110,000
⑤	受取手形	550,000	売上 仮受消費税等	500,000 50,000
⑥	仮払消費税等	10,000	現金	10,000
⑦	仮受消費税等	60,000	仮払消費税等 未払消費税等	25,500 34,500
⑧	未払消費税等	34,500	現金	34,500
⑨	仕入 立替金	100,000 2,500	買掛金 現金	100,000 2,500
⑩	支払手形 立替金	200,000 1,500	売上 現金	200,000 1,500
⑪	備品	200,000	未払金	200,000
⑫	通信費	5,000	現金	5,000
⑬	貯蔵品	2,000	通信費	2,000
⑭	貯蔵品	10,000	現金	10,000
⑮	租税公課	7,000	貯蔵品	7,000

出資者から資金の提供を受けたよ!

　かけるくんの会社は順調に成長しています。会社を経営していくには何が必要でしょうか?

① 資金調達って何?

　会社を経営していくのに、もちろん「やる気」は必要です。やる気は何事においても必要ですね。もう一つ、資金、すなわちお金が必要です。「そんなこと当り前じゃないか!」と思われているかもしれませんが、とても大切なことです。最初のうちは事務所やお店を借りて商売をしていれば、毎月家賃を支払わなければなりません。会社に従業員がいれば給料も払わなければなりません。税金も支払わないといけませんし、水道代、電気代、ガス代などもあります。会社を経営していくためには様々な出費を前もって想定して、お金を集めてこないといけません。お金を集めてくることを資金調達といいます。

② 資金調達をするためにはどうするの?

　会社を経営していくときに、お金が必要であることはわかりましたね。ではどうやって会社はお金を集めてくるのでしょうか。第1回で学習したように、他人(他社)からお金を借りてくる方法です。例えば、かけるくんの会社が銀行さんから100万円のお金を借りてきたと

すると、

$$現金 \quad 1,000,000 \diagup 借入金 \quad 1,000,000$$

と、仕訳を切ります。借方は、現金という資産の増加を表しています。お金を借りてきましたから、自由に使えるお金が増えますね。貸方は、借入金という負債の増加を表しています。銀行さんから借りてきたので、将来お金を返さなければなりません。将来お金が出ていくようなものが負債でした。もう一つ、株式会社（かけるくんの会社）の場合は会社に投資をしてもらって、会社の株主になってもらう方法があります。株式会社では、株主総会で会社のこれからの方向性などの重要な決定をしますが、株主さんはその株主総会という会議に参加して賛成票もしくは反対票を投じることができます。また、その会社が順調に成長して利益を出していたりすると、その会社から株主さんは配当金というお金をもらうことができるのです。簡単に言えば、株主さんは経営に参加したり、会社のもうけから分け前をもらうことができるのです。ですから、かけるくんの会社の将来性に魅力を感じた人たちは、かけるくんの会社に投資をして株主になるわけです。会社に投資をする人を投資家といいますが、投資家さんがかけるくんの会社に100万円を投資したとすると、

$$普通預金 \quad 1,000,000 \diagup 資本金 \quad 1,000,000$$

という仕訳を切ることとなります。借方は、投資家さんからかけるくんの会社の普通預金口座に100万円が振り込まれたことを意味しており、普通預金という資産の増加を表しています。貸方は、株主さんから資金調達をしたことを意味しており、資本金という純資産の増加を表しています。

3 株主さんに配当金を払ったよ！

　株主さんに投資をしてもらい、そのお金を使うことで、かけるくんは商品を仕入れたり、トラック（車両）を買ったり、会社を経営していくことができました。ですから会社が順調に成長していると、株主さんへ感謝を込めて配当金（お金）を支払うことがあります。配当金を払うかどうかは株主総会で決めることになるのですが、例えば、株主総会で繰越利益剰余金から10万円の配当をすることになったとすると、

繰越利益剰余金　110,000　／利益準備金　　10,000
　　　　　　　　　　　　　　 未払配当金　100,000

　と、仕訳を切ることとなります。まず貸方は、未払配当金という負債の増加を表しています。これは10万円の配当をすることを株主総会で決めましたが、後日、株主さんに支払われますので、例えば普通預金口座から配当金が支払われたタイミングで、

未払配当金　100,000／普通預金　100,000

　と仕訳を切り、借方は未払配当金という負債の減少を、貸方は普通預金という資産の減少を表すことになります。また、借方の「繰越利益剰余金」ですが、これは利益から生み出されたものです。つまり会計期間末において収益と費用が確定して、その差額でもって利益が算出されますが、その利益が「繰越利益剰余金」に入っていきます。繰越利益剰余金は純資産であり、本来は貸方にあるのですが、この繰越利益剰余金を財源として配当を支払っていますので、借方の繰越利益剰余金は純資産の減少を表しています。

④ 利益準備金って何？

繰越利益剰余金　110,000	利益準備金　　10,000
	未払配当金　100,000

　おそらくみなさんが不思議に思われていた、貸方の「利益準備金」の話をしましょう。「利益準備金」も純資産です。ですから、貸方は、利益準備金という純資産の増加を表しているわけです。何で純資産が増加するのでしょうか。これは、先ほども説明させてもらった「資金調達」と深く関係しています。かけるくんの会社（株式会社）が資金調達を行う場合、他の会社から借りてくるか（負債）、株主さんに投資をしてもらうか（純資産）のいずれかになります。株主さんの立場に立ってみると、自分たちが投資をした会社が順調に成長していたら、「配当金をよこせ！」と株主総会で主張するでしょう。確かに、株主さんたちが投資をしてくれたから、商品を仕入れたりトラック（車両）を購入できたりして、会社経営がスムーズに行えました。ですから感謝の気持ちを込めて、株主さんたちに配当金を渡すのは理解できます。しかし一方で、この様子を不安げに見ている人たちがいます。かけるくんの会社にお金を貸してくれた人たち（債権者）です。彼らは、貸したお金を返してもらうだけでなく、約束通り利息も支払ってもらわなければなりませんね。一般的にビジネスにおいてお金を貸したり借りたりすると、時の経過とともに利息が発生します。「会社経営が順調だからといって、ぱっぱら、ぱっぱら配当ばっかり支払って、オレたち（債権者）が貸したお金返せるんかな？　利息も約束通り払えるんかな？」と、不安に感じているわけです。そこで会社法では債権者の立場も考慮して、株式会社が配当金を支払う時には一定額を会社内部に積み立てさせる（会社財産が社外へ流出することを防ぐ）ことに

しています。今回の場合、繰越利益剰余金から配当をしていますので、会社法に従って利益準備金を積み立てています。したがって、貸方は利益準備金という純資産の増加を表しています。

　今回も難しいことがいっぱいでしたね。お疲れ様です！　ゆっくりと休憩してもらって、まとめの問題にチャレンジしてみましょう！

! POINT

▶ 銀行さんからお金を借りたとき

　　　現金　××／借入金　××

▶ 株主さんに投資をしてもらい、普通預金口座に振り込まれたとき

　　　普通預金　××／資本金　××

▶ 株主さんに配当を支払うことが決まったとき

　繰越利益剰余金　××　／利益準備金　××
　　　　　　　　　　　　　／未払配当金　××

▶ 上記配当金を、普通預金口座から株主さんに支払ったとき

　　　未払配当金　××／普通預金　××

まとめ問題

Q1

以下の文章を読んで、取引の仕訳を書きなさい。なお、消費税（税率10%）については指示があるものだけ考慮すること。 解答時間30分

①かけるくんの会社は、繰越利益剰余金を財源として100万円の配当をすることになりました。その際、利益準備金を10万円積み立てます。

②かけるくんの会社は、上記①の配当金を普通預金口座から支払いました。

③かけるくんの会社は、その他資本剰余金を財源として50万円の配当をすることになりました。その際、資本準備金を5万円積み立てます。

④かけるくんの会社は、上記③の配当金を当座預金口座から支払いました。

⑤かけるくんの会社は、その他資本剰余金を財源として100万円、繰越利益剰余金を財源として200万円、合わせて300万円を配当することになりました。その際、資本準備金に10万円、利益準備金に20万円をそれぞれ積み立てます。

⑥かけるくんの会社は、上記⑤の配当金を普通預金口座から支払いました。

⑦かけるくんの会社は、商品を8万円で掛け仕入れしました。運送代についてはかけるくんの会社が負担することとなっており、運送会社に代金2,300円を現金で支払いました。

⑧上記⑦において、運送代が仕入先負担の場合、仕訳はどうなるでしょ

うか。

⑨かけるくんの会社は商品を50万円で販売しました。代金については消費税とともに、お客様が振り出した手形でもらいました。配送料の千円については、当方が負担することになっており、消費税とともに現金にて支払いました。

⑩かけるくんの会社は25万円のパソコンを購入し、代金については消費税も含めて月末に支払います。

⑪かけるくんの会社はボールペンなどの事務用品を5千円分買い、代金は消費税とともに小切手を振り出して支払いました。

⑫かけるくんの会社は法人税等の中間申告を行い、30万円を現金で支払いました。

⑬決算日をむかえました。かけるくんの会社の当期負担すべき法人税等は50万円です。上記⑫について精算を行いました。

⑭決算日になったので、かけるくんの会社は問題⑨〜問題⑪について、消費税の精算をしました。

⑮かけるくんの会社は上記⑬と⑭について、未払い分をそれぞれ現金で納付しました。

解答

	借方	金額	貸方	金額
①	繰越利益剰余金	1,100,000	利益準備金 未払配当金	100,000 1,000,000
②	未払配当金	1,000,000	普通預金	1,000,000
③	その他資本剰余金	550,000	資本準備金 未払配当金	50,000 500,000
④	未払配当金	500,000	当座預金	500,000
⑤	その他資本剰余金 繰越利益剰余金	1,100,000 2,200,000	資本準備金 利益準備金 未払配当金	100,000 200,000 3,000,000
⑥	未払配当金	3,000,000	普通預金	3,000,000
⑦	仕入	82,300	買掛金 現金	80,000 2,300
⑧	仕入 立替金	80,000 2,300	買掛金 現金	80,000 2,300
⑨	受取手形 発送費 仮払消費税等	550,000 1,000 100	売上 仮受消費税等 現金	500,000 50,000 1,100
⑩	備品 仮払消費税等	250,000 25,000	未払金	275,000
⑪	事務用消耗品費 仮払消費税等	5,000 500	当座預金	5,500
⑫	仮払法人税等	300,000	現金	300,000
⑬	法人税等	500,000	仮払法人税等 未払法人税等	300,000 200,000
⑭	仮受消費税等	50,000	仮払消費税等 未払消費税等	25,600 24,400
⑮	未払法人税等 未払消費税等	200,000 24,400	現金	224,400

問題③では、その他資本剰余金（純資産）から配当を行っています。
繰越利益剰余金（純資産）からの配当のときは利益準備金（純資産）
を積み立て、その他資本剰余金からの配当のときは資本準備金（純資
産）を積み立てます。

減価償却って何だろう?

　第5回でかけるくんは、たくさんの商品を仕入れたり、販売したりするためにトラックを買いました。このトラックは将来、ずっと使い続けることができるでしょうか?

1　減価償却って何?

　かけるくんが購入したトラックだけでなく、どんな車両であっても、使用するにつれて、もしくは時が経って古くなれば、価値は減少してきます。第5回でかけるくんはトラック(車両)を150万円で購入しました。仮にこのトラックが5年くらい使えるとすると、1年経つごとに150万円÷5年＝30万円ぐらいずつ、価値が減少していくと考えられます。これを会計期間末において仕訳で表す手続きを減価償却といいます。

2　どうやって計算するの?

　具体的に減価償却の計算をしようとすると、取得原価や耐用年数、残存価額が必要となります。取得原価とは、かけるくんのトラックでいえば150万円であり、そのトラックを取得して、使用するまでにかかった金額です。耐用年数とは、そのトラックを「何年くらい使用で

きるかな」と見積もった年数です。今回は5年としましょう。簿記の問題では「耐用年数は○○年です」と与えられます。残存価額とは、耐用年数が経過して（かけるくんのトラックを使い始めて5年が経って）、そのあと中古屋さんなどに「いくらで売ることができるかな」という金額です。今回は0円としましょう。簿記の問題では「残存価額は取得原価の○○パーセントですよ」とか、「残存価額はありませんよ（0円）」と指示があります。今回はトラック（車両）を取り上げていますが、車両のほかに、建物や機械装置、備品のような形のあるものを一般に有形固定資産といい、減価償却の対象となります。ただし土地も有形固定資産ですが、減価償却の対象ではありません。土地は使おうと思えば、いつまでも使えますよね。

　減価償却の計算方法はいろいろありますが、今回は定額法について学習しましょう。減価償却は先ほどもふれたように、有形固定資産の価値の減少分を計算します。そして、その価値の減少分を減価償却費（費用）として計上します。定額法の計算方法は、

$$減価償却費＝（取得原価－残存価額）÷耐用年数$$

と、なります。今回のケースで計算してみると、

$$（1,500,000－0）÷5＝300,000$$

となり、減価償却費は30万円と算出されます。この金額は1年分となりますので、もし、かけるくんがこのトラックを半年しか使っていなければ、

$$（1,500,000－0）÷5×6／12＝150,000$$

と、12か月分の6か月（使用した分）を最後に乗じる（かける）ことになり、減価償却費は15万円と算出されます。

仕訳はどうするの?

　トラックを1年間使うと、減価償却費が30万円であることがわかりました。このことを会計期間末(決算日)において仕訳をしますが、方法には2つあります。間接法と直接法です。仕訳で考えてみると、

減価償却費　300,000／減価償却累計額　300,000　(間接法)
減価償却費　300,000／車両　　　　　　300,000　(直接法)

　となります。借方はどちらも、減価償却費という費用の増加を表しています。当期における価値の減少分を費用として計上しているのです。貸方は間接法と直接法とで異なっていますね。直接法ですと、価値の減少分を資産である車両から直接減らしていますね。貸方は、車両という資産の減少を表しています。その一方、間接法では貸方に「減価償却累計額」がきています。これは資産の評価勘定といって、間接的に資産を減額しています。直接法であれば、直接資産を減らしていますので、貸借対照表(B/S)には「車両1,200,000」が載りますね。

$$\begin{array}{l} \underline{\quad\quad B/S \quad\quad} \\ 車両 \quad 1,200,000 \end{array}$$

　それに対して、間接法では、

$$\begin{array}{ll} \quad\quad\quad B/S \\ \hline 車両 & 1,500,000 \\ \\ 減価償却累計額 & \triangle 300,000 \\ \hline & 1,200,000 \end{array}$$

と記載することになります。どちらも貸借対照表の金額（貸借対照表価額）は120万円です。でも、この貸借対照表を見た人はどう感じるでしょうか。直接法ですと、「120万円の車両があるんだな」と気付くでしょう。その一方で間接法であれば、「取得原価150万円の車両があって、30万円の価値の減少があったんだな」とわかります。わかりやすいようにもう少し極端な例を挙げると、ある会社が取得原価100億の建物を持っており、当期末現在、減価償却累計額が80億円だったとするとどうでしょう。直接法だと貸借対照表に「建物2,000,000,000」と記載されて、この貸借対照表を見た人は「20億円の建物を持っているんだ」と気付きます。一方、間接法で記載されると取得原価や減価償却累計額が記載されますので、この貸借対照表を見た人は「取得原価100億円の建物を持っているけど、価値の減少が80パーセント（80億円）も進んでおり、近々買い替えないといけないかもしれないなあ。近々100億円もの大金が必要になるかもしれないけれど、資金繰りは大丈夫かなあ。」と考えるかもしれません。有形固定資産は未来永劫、ずーっと使えるものではありませんね。どこかのタイミングで買い替えが必要となります。ですから有形固定資産の表示方法は間接法が原則となっており、買い替えを前提とする有形固定資産について価値の減少を貸借対照表の利用者にわかるようにしています。

4 減価償却って何のためにしているの？

何のためって、それは「有形固定資産の価値の減少分を算出して、貸借対照表に表示するためだろう！」と思われているかもしれません。素晴らしいです。その通りです。が、もう一つ、大切なことがあるのです。第5回にかけるくんが買ってきたトラックを思い出してみましょう。150万円のトラックを購入して使うことにより、かけるくんは仕

入れた商品をお店まで運ぶのにも役立ちましたし、お客さんのところに商品を届けるときにも重宝しました。つまりこのトラックはかけるくんの事業（仕事）をスムーズに進めて、売上（収益）に貢献してきたといえるでしょう。このトラックは買ってきたときにだけ使うものではありません。何年もの間、使うことによって売上（収益）に貢献していきます。会計では収益と費用の対応を限りなく追及して、その対応した収益と費用との差額でもって業績評価である利益を算出しています。かけるくんのトラックは150万円支払って購入したからすぐに150万円の費用とするのではなく、当期の売上（収益）にも、翌期の売上（収益）にも、それ以降の収益にも貢献するので、取得原価である150万円を各期にそれぞれ費用配分する（減価償却）ことにより、収益と費用との対応を図っています。もし、買ってきたときに150万円をそのまま費用計上するとどうなるでしょうか？　買ってきた期は150万円もの費用がドンと損益計算書（P/L）に載ることになりますから利益が少なくなるかもしれませんが、翌期以降はかけるくんのトラックを使うことによって売上（収益）に貢献しているのに、これに対応する費用が全く計上されないので、利益が大きくなるかもしれませんね。「こんなことでいいのか！」と会計は考えているのです。簡単に言えば、がんばった分の努力である費用とそれによってもたらされた成果である収益が成績表（P/L）に記載されて、この成績表（P/L）を見た人は適切に成績を評価できますね。このような考え方を「適正な期間損益計算」と呼んでいます。減価償却は適正な期間損益計算のために行われているのです。

図12　なぜ減価償却が必要か？

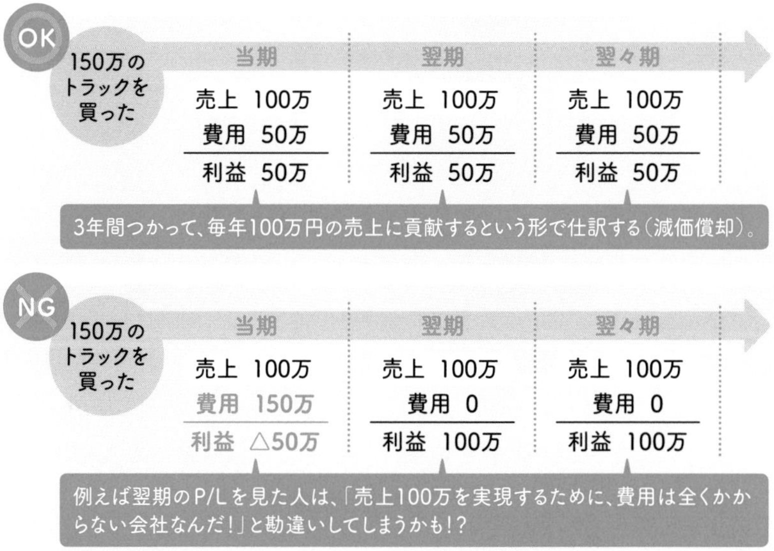

OK

150万の
トラックを
買った

	当期	翌期	翌々期
売上	100万	100万	100万
費用	50万	50万	50万
利益	50万	50万	50万

3年間つかって、毎年100万円の売上に貢献するという形で仕訳する（減価償却）。

NG

150万の
トラックを
買った

	当期	翌期	翌々期
売上	100万	100万	100万
費用	150万	0	0
利益	△50万	100万	100万

例えば翌期のP/Lを見た人は、「売上100万を実現するために、費用は全くかからない会社なんだ！」と勘違いしてしまうかも!?

！ POINT

▶ 減価償却の計算方法（定額法）

減価償却費 ＝（取得原価 － 残存価額）÷ 耐用年数

▶ 決算日において、建物について減価償却の計算をしたとき
（間接法）

減価償却費　××／減価償却累計額　××

▶ 決算日において、建物について減価償却の計算をしたとき
（直接法）

減価償却費　××／建物　××

まとめ問題

Q1

以下の文章を読んで、取引の仕訳を書きなさい。なお、減価償却の計算は月割りで行うこととする。 解答時間30分

①かけるくんの会社は決算をむかえました。当期首に購入した備品（取得原価25万円、耐用年数5年、残存価額ゼロ）について、減価償却（定額法）を行いました。なお記帳については間接法によります。

②上記①について記帳方法が直接法の場合、仕訳はどのようになるでしょうか。

③かけるくんの会社は決算において、定額法により減価償却（間接法）の計算をします。同社が有している有形固定資産は建物（取得原価5千万、期首減価償却累計額600万円、残存価額ゼロ、耐用年数50年）です。

④上記③で、記帳方法を直接法によった場合はどのような仕訳となるでしょうか。

⑤かけるくんの会社は決算日（3月31日）をむかえたため、定額法によって減価償却を行います。対象となる有形固定資産は、建物（取得原価3千万円、期首減価償却累計額108万円、残存価額10％、耐用年数50年）と備品（取得原価20万、当期10月1日より使用している、残存価額ゼロ、耐用年数8年）である。（建物減価償却累計額勘定及び備品減価償却累計額勘定を使用すること）

⑥上記⑤について直接法での記帳の場合、どのような仕訳となるでしょうか。

⑦かけるくんの会社は1月に30万円でパソコンを購入しました。代金

については2月に支払うことになっています。

⑧かけるくんの会社は決算日（3月31日）をむかえたため、上記⑦について定額法により減価償却を行います。同資産の耐用年数は5年、残存価額ゼロです。記帳方法は間接法とします。

⑨かけるくんの会社は上記⑧の備品を翌期首（4月1日）に6万円で売却しました。代金については4月末にもらうこととなっています。

⑩かけるくんの会社が減価償却の記帳方法について直接法を採用していたとすると、上記⑨の仕訳はどうなるでしょうか。

⑪かけるくんの会社は決算（3月31日）をむかえました。同社が有している建物（取得原価1億円、期首減価償却累計額24,750,000円、耐用年数40年、残存価額10%、間接法により記帳）について減価償却（定額法）を行います。

⑫かけるくんの会社は翌期首（4月1日）において、上記⑪の建物を8千万円で売却しました。代金については5月末にもらう予定です。

⑬上記⑫について、上記⑪の建物を6千万円で売却した場合はどのような仕訳となるでしょうか。

⑭かけるくんの会社は、当期の6月1日に倉庫を3千万円で取得しました。7月1日より事業で使い始め、決算日（3月31日）をむかえました。同資産の耐用年数は50年、残存価額は取得原価の10%です。記帳方法は間接法として、減価償却（定額法）を行います。

⑮上記⑭を翌期首（4月1日）に2,900万円で売却したとすると、どのような仕訳となるでしょうか。2,900万円は4月30日に振り込んでもらうことになっています。

解答

	借方	金額	貸方	金額
①	減価償却費	50,000	減価償却累計額	50,000
②	減価償却費	50,000	備品	50,000
③	減価償却費	1,000,000	減価償却累計額	1,000,000
④	減価償却費	1,000,000	建物	1,000,000
⑤	減価償却費	552,500	建物減価償却累計額 備品減価償却累計額	540,000 12,500
⑥	減価償却費	552,500	建物 備品	540,000 12,500
⑦	備品	300,000	未払金	300,000
⑧	減価償却費	15,000	減価償却累計額	15,000
⑨	減価償却累計額 未収入金 固定資産売却損	15,000 60,000 225,000	備品	300,000
⑩	未収入金 固定資産売却損	60,000 225,000	備品	285,000
⑪	減価償却費	2,250,000	減価償却累計額	2,250,000
⑫	減価償却累計額 未収入金	27,000,000 80,000,000	建物 固定資産売却益	100,000,000 7,000,000
⑬	減価償却累計額 未収入金 固定資産売却損	27,000,000 60,000,000 13,000,000	建物	100,000,000
⑭	減価償却費	405,000	減価償却累計額	405,000
⑮	減価償却累計額 未収入金 固定資産売却損	405,000 29,000,000 595,000	建物	30,000,000

　問題①は、250,000÷5＝50,000となります。貸方は備品減価償却累計額勘定を使用する場合もありますが、検定試験等、簿記の問題では通常、勘定科目（仕訳を切る科目）が指定されるので、問題文の指示に従って解答してください。

　問題③は、50,000,000÷50＝1,000,000となります。

　問題⑤において、建物は30,000,000×0.9÷50＝540,000となり、備品は200,000÷8×6／12＝12,500となります。備品については10月から償却計算をするので、6か月分となります。

　問題⑧は、300,000÷5×3／12＝15,000となります。

　問題⑨では備品（資産）の売却をしています。売却すると、その資産はなくなりますので、貸方は備品という資産の減少を表しています。その際、セットでその資産にかかる減価償却累計額（価値の減少分）も減少させます。ですから、本来貸方にある減価償却累計額も借方にもってきて減少させてください。備品の取得原価は300,000円ですが、価値の減少分である減価償却累計額が15,000円あるので、その差額の285,000円が帳簿価額（価値の減少分を考慮した金額）となり、285,000円のものを60,000円で売却しているため、225,000円の固定資産売却損（費用）が発生しています。ちなみに「帳簿価額」は省略して「ボカ」と言ったりもします。

　問題⑪は、100,000,000×0.9÷40＝2,250,000となります。

　問題⑫及び⑬は、建物の帳簿価額が100,000,000（取得原価）－27,000,000（減価償却累計額）＝73,000,000円となり、問題⑫では73,000,000円のものを80,000,000円で売却し、問題⑬では73,000,000円のものを60,000,000円で売却しており、それぞれ固定資産売却益（収益）7,000,000円と固定資産売却損（費用）13,000,000円が発生しています。

　問題⑭では、取得したのが6月1日ですが、減価償却の計算は事業

で使い始めた日（事業供用日）からスタートするので、7月からの9か月となります。ですので、$30,000,000 \times 0.9 \div 50 \times 9 / 12 = 405,000$ となります。

　問題⑮では、$30,000,000 - 405,000 = 29,595,000$円（帳簿価額）のものを29,000,000円で売却しており、固定資産売却損（費用）595,000円が発生しています。

売上原価って何だろう？

かけるくんは商品を仕入れてきて、それを販売しています。ある時、20万円で仕入れてきたものを50万円で販売しました。もうけはいくらでしょう？

1 売上原価って何？

売上原価についてはずいぶん前の第1回目で少し学習しました。覚えておられるでしょうか。上の例でいえば、「もうけは30万でしょ！当たり前じゃないですか！」と言われそうです。その通りですね。50万円が売上（収益）であり20万円が売上原価（費用）です。ですから、売上（収益）である50万円から売上原価（費用）である20万円を差し引いて、30万円のもうけ（利益）が計算されます。これは仕入れてきた商品の売価（売り値）と原価（仕入れ値）との差額ですね。売上原価は販売したものの原価を表しています。また、30万円もうかって、ただただ喜んでいてはいけません。この利益から、従業員であるりんちゃんの給料も支払わなければならないし、お店を借りているのであれば家賃も払わなければなりません。そのほかにもお店や会社の水道代、電気代、ガス代、トラックのガソリン代、自動車税、前回学習した減価償却費など、いろいろな費用がありますね。この30万円はざっくりとした売価と原価の差額です。このようなもうけ（利益）のことを売上総利益や粗利といいます。

2 一会計期間の流れとは？

　今回で15回目となります。みなさん、ここまでよく頑張りましたね！　素晴らしいと思います！　今回は本書の最終回となりますので、一会計期間(いちかいけいきかん)の流れについて簡単に確認したいと思います。一会計期間は期首から期末までです。4月1日を期首、3月31日を期末とする会社が多いかもしれません。一会計期間において、かけるくんの会社では、何度も商品を仕入れてきて、それを販売するでしょう。その一つ一つの取引（仕入れてきたり、販売したり）を仕訳帳というノートに記録します。この時に、みなさんがこれまで学習してきた仕訳を使って記録をします。日本語で「いついつ、だれだれさんからいくらで仕入れてきました」などと記録するわけではないのです。取引が行われるごとに仕訳帳に記録して、総勘定元帳（元帳）と呼ばれるものに勘定記入をします。取引ごとに仕訳帳に記録することと、総勘定元帳（元帳）に勘定記入することはセットです。今は少し難しいと感じるかもしれませんが、覚えておきましょう。だんだん慣れてきます！　これら、各取引の積み重ねにより決算整理前残高試算表（前T/B、トライアル バランス）が作成されます。これをもとに、第14回で学習した減価償却のような決算整理（期末に行う会計処理）を行って、決算整理後残高試算表（後T/B）を作成します。この決算整理後残高試算表（後T/B）に基づいて、貸借対照表（B/S）や損益計算書（P/L）が作成され、会社の外部に財政状態や経営成績として公表されます。本書を読んでもらっている方の中には学生さんもいらっしゃるかと思います。学生さんの中には「どの会社に就職しようかな」と考えておられる方もいるかもしれませんが、その際、興味のある会社の貸借対照表（B/S）や損益計算書（P/L）を参考にされるのもいいかもしれません。

3 当期の売上原価はいくら?

　例えば、かけるくんは当期30万円分の商品を仕入れてきました。前期から繰り越されてきた商品（前期末、売れ残っていた商品）が20万円分あります。当期末に、商品が10万円分売れ残っていたら、売上原価はいくらになるでしょうか？　そうですね。20万円＋30万円－10万円＝40万円が、売上原価となります。つまり、当期において20万円＋30万円＝50万円分の商品が手元にあったのだから、それらをすべて売ればよかったのですが、当期末時点で10万円分売れ残っていて、これは翌期に売りますので、50万円－10万円＝40万円分の商品が売れたということになります。

図13　会計期間の流れ

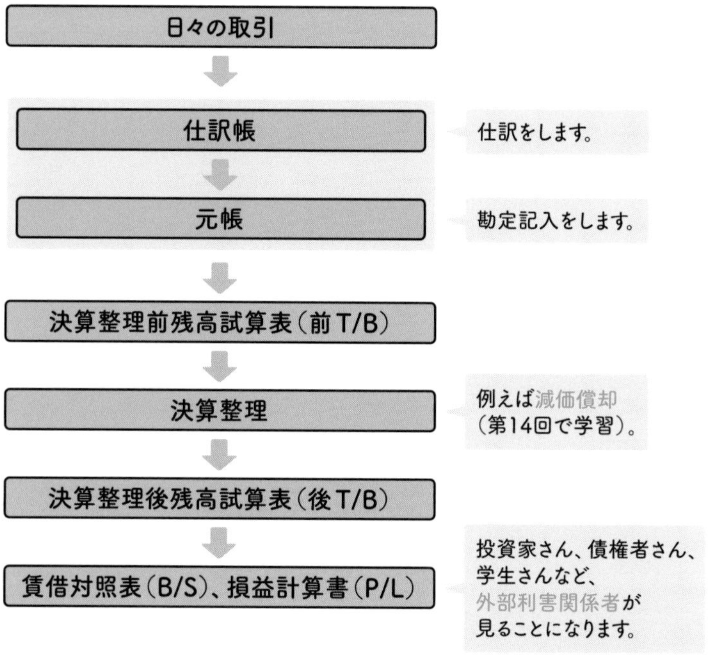

日々の取引	
仕訳帳	仕訳をします。
元帳	勘定記入をします。
決算整理前残高試算表（前T/B）	
決算整理	例えば減価償却（第14回で学習）。
決算整理後残高試算表（後T/B）	
賃借対照表（B/S）、損益計算書（P/L）	投資家さん、債権者さん、学生さんなど、外部利害関係者が見ることになります。

4 仕訳帳と元帳に記入してみよう！

上の例をそのまま使って、適当に日付を入れてみます。例えば、①かけるくんは4月7日に商品30万円分を掛けで仕入れました。②9月8日に商品を70万円で掛販売しました。3月31日（期末）に10万円分の商品が残っています。前期末に売れ残っていた商品が20万円分あります。①と②を仕訳帳に仕訳をすると、

4/7　仕入　　300,000／買掛金　300,000
9/8　売掛金　700,000／売上　　700,000

となりますね。これを元帳に勘定記入してみると、

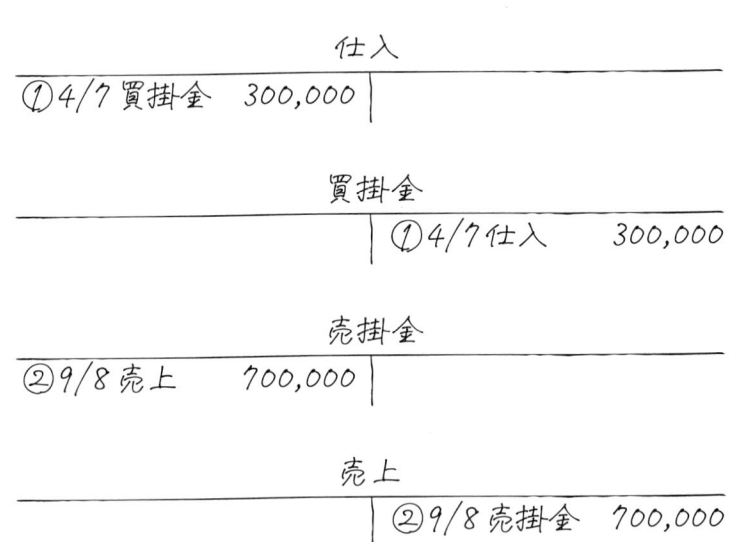

となります。初めて元帳に記入するので難しく感じるかもしれませんが、構えず、シンプルに考えてみてください。例えば①の仕訳を仕訳帳に記入したら、それとセットで仕入勘定と買掛金勘定に記入します。これらは形からT勘定ともいいます。仕訳で仕入は借方にきてい

ますので、仕入勘定の左側（借方）に、日付、相手勘定（仕訳の相手勘定科目のこと）、金額を記入します。①の仕訳で、仕入の相手勘定は買掛金ですので、「4/7買掛金　300,000」と記入しているわけです。仕訳の貸方である買掛金についても、買掛金勘定の右側（貸方）に、日付、相手勘定、金額を記入します。①の仕訳で、買掛金の相手勘定は仕入ですから、「4/7仕入　300,000」と記入します。同じようにして、②の仕訳を仕訳帳に記録したら、元帳のＴ勘定（売掛金勘定と売上勘定）に、日付、相手勘定、金額を記入します。

5　期末（3月31日）になったよ！

　期末になると、先ほどみなさんに計算してもらったように売上原価を算出しなければなりません。ここでは、仕入勘定で売上原価を求める方法を考えてみましょう。

```
①3/31仕入　　　　　200,000 ／繰越商品　200,000
②3/31繰越商品　100,000 ／仕入　　　　　100,000
```

と、仕訳帳に仕訳を切ることとなります。これらの仕訳を切るとともに元帳に勘定記入もします。

仕入

4/7 買掛金	300,000	②3/31繰越商品	100,000
①3/31繰越商品	200,000	3/31 損益	400,000

繰越商品

4/1 前期繰越	200,000	①3/31仕入	200,000
②3/31仕入	100,000	3/31 次期繰越	100,000

①の仕訳から仕入が借方にきていますから、仕入勘定の借方に記入します。これも、日付、相手勘定、金額を記入します。②の仕訳からも同様に記入してください。初めて出てきた繰越商品なんですが、これは前期に売れ残っていたものであり、前期から繰り越されてきたものを意味しています。したがって、繰越商品は資産です。①の仕訳のように貸方にきていると、繰越商品という資産の減少を表して、②の仕訳のように借方にきていると、繰越商品という資産の増加を表しています。①と②の仕訳から、元帳の繰越商品勘定にも記入しましょう。繰越商品勘定の借方にある「4/1前期繰越　200,000」は、前期から繰り越されてきた商品を意味しており、貸方にある「3/31次期繰越 100,000」は、当期売れ残っていたので、翌期に繰り越されることを意味しています。この点については少し難しいかもしれませんので、「ふ〜ん」という程度で読み進めてくださいね！

　①と②の仕訳を決算整理（期末）において切っていますが、何をしているのでしょうか？　そうです。元帳の仕入勘定を見てください。借方合計500,000で貸方合計100,000ですから、借方残で400,000ですね。これって、先ほどみなさんに計算してもらった売上原価（費用）です。つまり、①と②の仕訳は仕入勘定で売上原価を算出するための仕訳となります。よく仕訳の頭文字をとって「しいくり、くりしい」と言われたりしますが、決算において必要な仕訳ですので覚えておきましょう！　ちなみに貸方に「3/31損益　400,000」とありますね。これは、損益勘定に費用である売上原価400,000を振り替えた仕訳となります。会計期間末（決算日）には、損益勘定に収益や費用を集めて（振り替えて）、それらの差額でもって利益を算出し、その利益を貸借対照表の純資産である繰越利益剰余金に入れる（振り替える）処理を行っています。これもなかなか難しい話ですから、今日のところは「そんなもんなのかぁ。利益が出たら繰越利益剰余金に入れるんだ！」と考えて

おいてください。また、機会があればゆっくりとお話しさせていただきますね。

　本書の最後に、またまた少し難しいお話をしてしまいましたね。気になさらず、読み進めてくださいね。だんだん、少しずつ理解できますよ！

! POINT

▶ 決算日において、仕入勘定で売上原価を求めるとき

| 仕入 | ×× | 繰越商品 | ×× |
| 繰越商品 | ×× | 仕入 | ×× |

▶ 簿記は、日々の取引を仕訳帳に記録（仕訳）し、それと同時に総勘定元帳（元帳）に勘定記入をします。決算日をむかえると決算整理仕訳を切り、決算整理前残高試算表（前 T/B）から決算整理後残高試算表（後 T/B）を作成します。この後 T/B をもとに、貸借対照表や損益計算書のような財務諸表を作成し、会社外部に公表します。

まとめ問題

Q1

以下の文章を読んで、取引の仕訳を書きなさい。なお、消費税（税率10%）については指示があるものだけ考慮すること。また、減価償却の計算は月割りで行うこととする。 解答時間30分

①かけるくんの会社は10万円分の商品を掛けで仕入れました。消費税についても考慮すること。

②かけるくんの会社は商品を50万円で販売しました。代金についてはクレジットカード会社による代金回収額の3%の手数料を差し引かれて今月末に入金されます。消費税も考慮すること。なお、クレジットカード会社に対する手数料は決済時に計上します。

③上記②の代金が普通預金口座に振り込まれました。

④かけるくんの会社は中古車を300万円で購入しました。代金は翌月に支払う約束です。消費税も考慮すること。

⑤上記④について、仮にかけるくんの会社が中古車販売の会社だったとしたら、どのような仕訳となるでしょうか。消費税も考慮すること。

⑥かけるくんの会社は、商品を100万円で販売しました。代金については、以前にかけるくんの会社が振り出した手形50万円と、残りはお客さんが振り出した手形をもらいました。消費税を考慮すること。

⑦かけるくんの会社は20万円分の商品を仕入れました。代金については小切手を振り出して支払いました。消費税も考慮すること。

⑧かけるくんの会社は消費税の中間納付を行いました。納付金額13万円については、現金で支払いました。

⑨かけるくんの会社は決算日をむかえました。上記①〜④及び上記⑥〜⑧について、消費税の精算を行いました。

⑩かけるくんの会社は決算日をむかえました。上記①〜④及び上記⑥〜⑧について、売上原価を計算します。売上原価は仕入勘定で算出することとし、前期末に売れ残っていた商品は45万円、当期末に売れ残っている商品は13万円です。

⑪かけるくんの会社は決算（3月31日）をむかえました。同社が有している建物（取得原価1億円、期首減価償却累計額23,400,000円、耐用年数50年、残存価額10％）について定額法により減価償却（間接法）を行います。

⑫かけるくんの会社は翌期首（4月1日）において、上記⑪の建物を6千万円で売却しました。代金については手形をもらいました。

⑬上記⑫について、減価償却の記帳方法が直接法だった場合はどのような仕訳となるでしょうか。

⑭かけるくんの会社は商品を50万円分、掛けで仕入れました。配送料は当社負担で、配送代金5千円については現金で運送業者に支払いました。

⑮上記⑭について、配送料は仕入先負担だった場合はどのような仕訳となるでしょうか。なお、立替金勘定は使用しないこと。

解答

A1

	借方	金額	貸方	金額
①	仕入 仮払消費税等	100,000 10,000	買掛金	110,000
②	クレジット売掛金	550,000	売上 仮受消費税等	500,000 50,000
③	普通預金 支払手数料	533,500 16,500	クレジット売掛金	550,000
④	車両 仮払消費税等	3,000,000 300,000	未払金	3,300,000
⑤	仕入 仮払消費税等	3,000,000 300,000	買掛金	3,300,000
⑥	支払手形 受取手形	500,000 600,000	売上 仮受消費税等	1,000,000 100,000
⑦	仕入 仮払消費税等	200,000 20,000	当座預金	220,000
⑧	仮払消費税等	130,000	現金	130,000
⑨	仮受消費税等 未収消費税等	150,000 310,000	仮払消費税等	460,000
⑩	仕入 繰越商品	450,000 130,000	繰越商品 仕入	450,000 130,000
⑪	減価償却費	1,800,000	減価償却累計額	1,800,000
⑫	減価償却累計額 営業外受取手形 固定資産売却損	25,200,000 60,000,000 14,800,000	建物	100,000,000
⑬	営業外受取手形 固定資産売却損	60,000,000 14,800,000	建物	74,800,000
⑭	仕入	505,000	買掛金 現金	500,000 5,000
⑮	仕入	500,000	買掛金 現金	495,000 5,000

　問題②はクレジットカード取引をしています。皆さんもよく使っておられるかもしれませんが、クレジットカード取引ではクレジットカード会社（信販会社）が商品の代金を回収してくれて、かけるくんの会社に振り込んでくれます。かけるくんにとっては楽ちんですね。借方は、クレジット売掛金という資産の増加を表しています。ただし、クレジットカード会社に手数料を支払わなければなりません。「代金を回収してくれてありがとう」ということで手数料を支払うのです。この手数料は、クレジットカード会社（信販会社）からすると収益ですし、かけるくんの会社からすると費用です。ですからかけるくんの会社は問題③で、借方に支払手数料16,500という費用の増加が発生しています。これはクレジットカード会社さんが代金55万円を回収してくれたので、その金額の3%を手数料としてかけるくんの会社が支払ったことを意味します。ちなみに今回は問題③において決済時（お金が支払われたとき）に、クレジットカード会社に対する手数料を計上しましたが、販売時（問題②の時点）に計上する場合もあります。販売時に手数料を計上する場合は、

```
クレジット売掛金　533,500 ／売上　　　　　　 500,000
支払手数料　　　　 16,500／　仮受消費税等　 50,000
```

と、仕訳を切ることになります。

　問題⑤は中古車を購入していますが、仮にかけるくんの会社が中古車販売業者であれば、この購入した中古車はお客さんに売ることになり、本業における「仕入」となります。もちろん、販売したときも「売上」が計上されることとなります。

　問題⑨は、仮受消費税等より仮払消費税等の方が多いため、確定申告により税務署から消費税が還付される（お金が入ってくる）ことになります。したがって、借方は未収消費税等という資産の増加を表し

ています。

問題⑩は、45万円（前期末に売れ残っていた商品）＋10万円（問題①）＋20万円（問題⑦）−13万円（当期末に売れ残っている商品）＝62万円が売上原価（費用）として、損益計算書に計上されます。

問題⑩は、仕入勘定で売上原価を計算しています。その際、資産である「繰越商品」勘定を使用していますが、簿記の最終ゴールである貸借対照表（B/S）には「商品」と載ってきます。どちらも同じ意味で資産を表しています。仕訳帳、総勘定元帳、前T/B、後T/Bまでは「繰越商品」を、B/Sでは「商品」を使います。このように後T/Bまで使われるものを勘定科目といい、貸借対照表や損益計算書で使われるものを表示科目といいます。貸借対照表や損益計算書は外部に公表する資料となりますので、ルールに則って表示することが求められます。ですから、貸借対照表や損益計算書を作成する際には表示科目であるかどうか、確認が必要となります。

問題⑪は、100,000,000（取得原価）×0.9÷50年＝1,800,000（減価償却費）

問題⑫は、100,000,000（取得原価）−25,200,000（減価償却累計額）＝74,800,000（帳簿価額）となり、74,800,000円のものを60,000,000円で売っているため14,800,000円損しています。よって借方は固定資産売却損という費用の増加を表しています。また、借方には営業外受取手形（資産）がきています。これは受取手形と同じで、将来お金が入ってくることを意味しています。ただ、かけるくんの会社は商品を仕入れて販売することを仕事としていますので、商品を仕入れる際に手形を振り出したら「支払手形」が発生し、商品を販売した際にお客さんから手形をもらうと「受取手形」が発生します。問題⑫の場合は、商品の販売によって手形をもらったわけではありませんので、本業以外による手形ということで、「営業外」受取手形というように、アタマ

に「営業外」が付いています。

　問題⑭は当社負担であるため、当社の費用とするために仕入（費用）に配送料である５千円を含めています。

　問題⑮は仕入先負担（相手方負担または先方負担ともいう）であるため、配送料５千円については現金で支払ったが、のちに仕入先から５千円を回収することになります。問題の指示により立替金勘定を使用できないため、将来、仕入先に支払うべき買掛金からこの５千円を控除しています。50万円支払って５千円もらうのと、49万５千円を支払うことは同じことですね。

図14　商品の流れと仕入勘定（問題⑩）

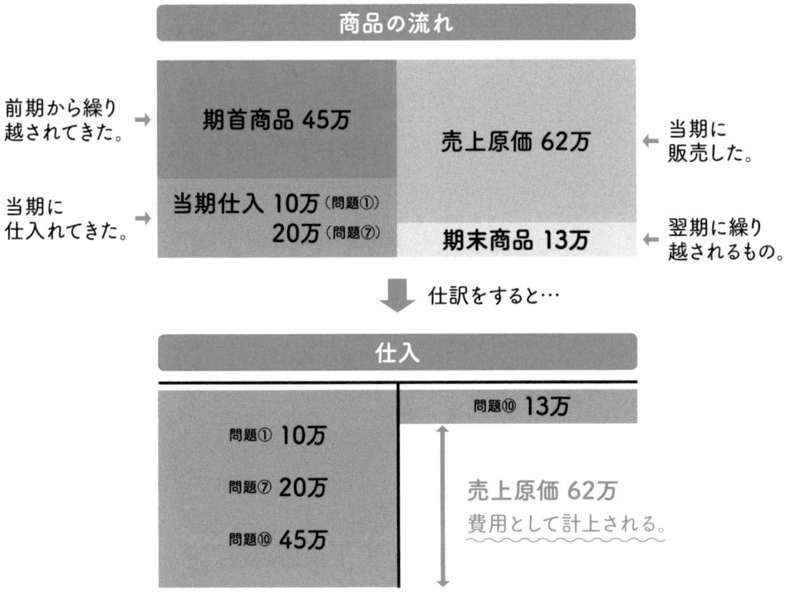

COFFEEBREAK 3

　みなさん、最後までお読みいただきありがとうございました。すごいですね！！　よく頑張られたと思います。「実力を高める」という意味では「まとめ問題」を繰り返し解いてもらうことをおすすめします。

　ところでみなさん、2023年から税理士試験が大きく変わるのをご存知でしょうか。税理士試験の会計科目である「簿記論」と「財務諸表論」について受験資格が撤廃されるのです。つまり、これらの試験は誰でも受けられるようになります。これまでは、「大学等で経済学もしくは法律学の単位を取得していること」など、これらの科目を受験するのに高いハードルがありました。ですから、せっかく簿記に興味をもって学習されていた方であっても、受験資格の関係でこれらの科目に挑戦できない方が一定数おられました。しかし、2023年からは誰でも受験できるのです。これは一つの大きなチャンスではないかなと思います。新しい制度を利用して「簿記論」や「財務諸表論」にチャレンジしてみてはどうでしょうか。これらの科目に合格すればそれぞれ一生有効で、もちろん履歴書等にも書くことができます。読者の方の中には、「会計士の方がかっこいいなぁ」と思われている方もいらっしゃるでしょう。でも大丈夫です。これらの科目に合格すれば、公認会計士試験においても一部科目を免除してもらえます。ですから、税理士に興味をお持ちの方はもちろんのこと、就職活動や転職活動のアピール材料としても、会計士等に向けて会計の勉強の入り口としても、おおいに有効だろうと思います。本書を最後までお読みいただいたみなさんであれば、きっと次のステップとして適しているのではないかと思います。

加茂川悠介 Yu-suke Kamogawa

税理士、CFP®。中央大学法学部、早稲田大学大学院法学研究科修了後、大手専門学校で教鞭をとる。その後、立命館大学大学院法学研究科で税法を学び、会計事務所勤務や河合塾ライセンススクール講師を経て、財務捜査官採用試験に合格。宮城県警退職後、資格の学校TAC税理士講座で講義を行う。現在、TACのほか芦屋大学や大阪経済法科大学、大阪産業大学、近畿大学等でも講義を行い、日々、わかりやすい講義に向けて自己研鑽している。

ストーリーとまとめ問題でよくわかる！
かけるくんの簿記入門

2023年9月26日　第1刷発行

著　者　加茂川悠介
イラスト　らいふねこ
発行者　太田宏司郎
発行所　株式会社パレード
　　　　大阪本社　〒530-0021　大阪府大阪市北区浮田1-1-8
　　　　　　　　　TEL 06-6485-0766　FAX 06-6485-0767
　　　　東京支社　〒151-0051　東京都渋谷区千駄ヶ谷2-10-7
　　　　　　　　　TEL 03-5413-3285　FAX 03-5413-3286
　　　　https://books.parade.co.jp
発売元　株式会社星雲社（共同出版社・流通責任出版社）
　　　　　〒112-0005　東京都文京区水道1-3-30
　　　　　TEL 03-3868-3275　FAX 03-3868-6588
装　幀　藤山めぐみ（PARADE Inc.）
印刷所　中央精版印刷株式会社